QUATUOR POLITIQUE

SUIVI D'UN

SOLO FINAL

AURILLAC

IMPRIMERIE H. GENTET, RUE MARCHANDE

1881

QUATUOR POLITIQUE

SUIVI D'UN

SOLO FINAL

Aurillac. — Imprimerie H. GENTET.

QUATUOR POLITIQUE

SUIVI D'UN

SOLO FINAL

AURILLAC
IMPRIMERIE H. GENTET
RUE MARCHANDE

1881

QUATUOR POLITIQUE

SUIVI D'UN

SOLO FINAL

C'était sur une promenade publique.

Quatre promeneurs marchaient à grands pas, discourant bruyamment, gesticulant avec véhémence. Absorbés par leur conversation, ils ne prenaient aucune garde aux passants. On pouvait suivre aisément leurs discours sans en rien perdre.

La politique, comme cela arrive si souvent de nos jours, était l'objet de leurs discussions.

Ils étaient quatre; et on pouvait se convaincre dès l'abord que toutes les opinions — il faut entendre les opinions avouables et admissibles entre honnêtes gens — étaient représentées dans ce groupe.

Suivons l'ordre d'ancienneté.

Il y avait d'abord un légitimiste qui défendait avec une verve pleine de naturel et de spontanéité la cause de son parti. Son langage était simple et original. Il avait fréquemment d'heureuses saillies, et ses appréciations, quoique affectant une forme plaisante, étaient le plus souvent très justes.

Ses interlocuteurs l'appelaient CARLOS. Nous lui laisserons ce nom.

A l'autre bout de la gamme était un autre monsieur à physionomie grave et austère, mais quelque peu guindé et gourmé. Langage dogmatique et solennel, souvent nébuleux, comparé au premier, un poseur ; mais plus éclairé, plus réfléchi, relativement même érudit. Du reste honnête et candide nature, suivant les apparences.

Celui-là représentait au milieu des autres les idées dites avancées, — hâtons-nous de le dire, dans ce qu'elles ont d'honnête et de raisonnable. Il se proclamait bruyamment et à tout propos républicain ; mais nul ne s'élevait, le cas échéant, avec plus de force et de sincérité contre les excès démagogiques.

Comme ses compagnons, nous le nommerons DÉMOS.

Puis venait un troisième personnage dont l'opinion était dès l'abord bien facile à deviner.

Lorsque nos prédicateurs en chaire viennent à prononcer le nom de Notre-Seigneur Jésus-Christ, ils font un signe de croix et une génuflexion. C'était à peu près la même manifestation que faisait dans la voix et le geste notre troisième discoureur, lorsqu'il accentuait les mots de Napoléon, d'Empire et d'Empereur. C'était l'admiration, l'enthousiasme, le culte qu'il traduisait.

Pour ce motif les autres l'avaient plaisamment surnommé RATAPOIL. Et il était à la hauteur de cette qualification.

Le quatrième interlocuteur était plus terne, plus effacé, plus sobre de paroles et plus timide dans ses affirmations. Il fallait le suivre de plus près et l'écouter plus longtemps pour pénétrer ses convictions. Ce n'est qu'après observation attentive que l'on pouvait se convaincre qu'il appartenait à une nuance moins tranchée, à une catégorie de sous-ordre, à une variété : la variété orléaniste.

On ne sait pour quelles causes, dans leur manie de sobriquet, ses camarades lui avaient donné le surnom de ROSOLIN.

Va pour Rosolin.

La discussion, du reste, quoique parfois fort animée entre nos quatre personnages, ne sortait que très rarement des limites d'une politesse courtoise. S'il arrivait que deux d'entr'eux s'échauffassent par trop, les deux autres intervenaient de suite pour les rappeler à l'ordre et ramener le débat sur le terrain de la modération et des égards réciproques.

Et il était facile de voir qu'un sentiment général dominait cette joûte de paroles, ou pour mieux dire ce tournoi de bavardages : un sentiment de mollesse et de lassitude et par-dessus tout le dégoût des querelles violentes. Au fond de ces discussions remontant à une autre époque, on pouvait reconnaître le ramollissement des ardeurs opiniâtres, les tendances à la transaction et tous les symptômes qui sont le prélude d'un apaisement définitif. Parfois quelques violences de parole, — vieille habitude, — mais il était aisé de comprendre qu'aucun n'eût voulu passer des paroles aux actes.

Plût au ciel qu'il en fût ainsi partout sur notre terre de France, après cette guerre de cent ans que se livrent, sans trève ni merci, les partis politiques !

L'extérieur de nos quatre champions, leur tenue, leurs allures n'avaient rien qui pût déceler les différences d'origine et les divergences de convictions.

CARLOS, le gentilhomme, avait une tenue des plus modestes et même trop négligée.

Chez DÉMOS, au contraire, on voyait poindre des prétentions à la recherche et à l'élégance ; c'était sans contredit celui de tous qui avait le meilleur tailleur.

RATAPOIL avait plutôt la physionomie d'un négociant enrichi que d'un foudre de guerre.

ROSOLIN, l'inoffensif Rosolin avait, au contraire, une silhouette militaire et presque martiale.

Tous les rangs sociaux sont si confondus à notre époque, qu'il est bien difficile de deviner au premier aspect la provenance d'un homme, ses antécédents, sa place dans le milieu social et surtout sa classification politique.

Controverses et discussions allaient donc grand train. C'était d'abord entre Carlos et Démos, ces vieux, ces séculaires antagonistes, qu'elles étaient les plus vives. Et quand notre attention fut attirée, elles s'agitaient à peu près en ces termes.

*
* *

DÉMOS.

De sorte que vous iriez jusqu'à mettre en discussion les grands, les immortels principes de 89?

CARLOS.

Les grrrands prrrincipes de 89!... mais on dirait à vous entendre que la France date d'hier.

Dans votre étrange infatuation, vous effacez d'un trait tout son antique passé.

Avant vous c'était le cahos, le néant, les ténèbres éternelles; et il a fallu que vous vinssiez un beau matin pour prononcer le *fiat lux* magique qui devait faire surgir de nouvelles constellations, un autre soleil, nous inonder de radieuses clartés et de félicités sans nombre?

C'est par trop fort, et il n'est pas permis d'altérer ainsi la vérité historique.

La France a un passé, et un passé glorieux. La nationalité française a toujours figuré avec honneur et au premier rang des autres nationalités européennes, en tête de la chrétienté. Et si elle doit dans l'avenir, comme cela est à craindre, déchoir de cette haute situation, cette décadence sera votre œuvre, et vous pourrez en revendiquer la plus large part.

DÉMOS.

Mais vous ne répondez pas à ma question. Faites-vous aux grands principes proclamés en 89 l'honneur de les admettre ?

CARLOS.

Les grrrands prrrincipes de 89 ! ! ! Mais c'est là une question épuisée et qui n'a plus de sens aujourd'hui. Vieux refrain, vieilles défroques du siècle passé. Nos générations n'ont plus rien à voir dans la question.

Je veux cependant y répondre, y répondre par une profession de foi catégorique et nette. Veuillez donc me prêter une oreille attentive, je vais monter en chaire et me faire docteur. Gare à vous ! c'est un discours en trois points que vous allez subir.

Premier point. — Je reconnais d'abord et proclame avant tout qu'en 1789 de larges et profondes réformes étaient nécessaires, indispensables. Il fallait modifier radicalement le régime politique de la France et même, sur bien des points, son état social.

Cette vérité était admise par tous, par les privilégiés comme par le peuple, par le Souverain lui-même qui avait généreusement pris l'initiative en convoquant l'assemblée des Notables d'abord, les Etats-Généraux ensuite. Ce fut là le point de départ ; ce fut là son œuvre propre et spontanée. Il pouvait légitimement en revendiquer tout le mérite. Et l'impulsion qu'il donna entraîna l'opinion.

L'aristocratie, que l'on aurait pu croire aveuglément attachée à l'ancien ordre de choses, seconda le mouvement, et la révolution était faite dans tous les esprits, même avant d'éclater.

Tous disaient, et il n'y avait ni conteste ni opposition :

Que de graves et nombreux abus étaient à réformer d'urgence ;

Que les privilèges et les choquantes inégalités devaient être proscrits ;

Que les barrières entre les différentes classes de citoyens, comme entre les diverses provinces du royaume, devaient être renversées.

Il était encore unanimement reconnu qu'il fallait au plus vite mettre l'ordre dans les finances ; porter la lumière et la régularité dans la gestion des deniers publics ; édicter sur tous les points du territoire des règles uniformes d'administration ; liquider d'urgence et sans ménagement tout un passé de folles dépenses et de ruineuses prodigalités.

Et ce point était le point principal, le premier

but du mouvement, la justification la plus rationnelle de l'agitation provoquée.

Et à ce point de vue, je vous avouerai en toute sincérité que j'aurais été pour ma part un ardent partisan des innovations projetées, un révolutionnaire, je le dis hautement.

Et pour bien expliquer mes idées à cet égard, idées qui ne sont peut-être pas celles de tous mes coreligionnaires, mais que je n'en crois pas moins exactes, je me permettrai une digression historique. Je remonterai bien haut dans le passé et jusqu'au règne de Louis XIV.

Ce monarque, grand en effet à bien des points de vue, mais néfaste à beaucoup d'autres, modifia et dénatura profondément dans le cours de son long règne, l'antique organisation de la royauté française.

A la monarchie très chrétienne il substitua par le fait une monarchie asiatique, musulmane, dissolue. Au mépris des lois les plus sacrées de notre religion, il installa la polygamie sur le trône. Et tout le reste à l'avenant.

Et ce n'est pas impunément qu'une pareille révolution, plus radicale peut-être que celle de 1789, pouvait s'accomplir.

Les mêmes causes qui avaient entraîné les ruines du grand empire romain, devaient ébranler sa dynastie et les bases de la société française.

La débauche a des conséquences fatales; elle entraîne la dégénérescence des races, comme la décadence des peuples.

Et la débauche fut la grande préoccupation du Grand roi, son passe-temps de prédilection. Pour une grosse part le revenu de l'Etat fut absorbé par ses libidineuses fantaisies. Les plaisirs de Sa Majesté, c'était là le premier et le plus important des services publics. Et il légua ce triste héritage à ses successeurs, qui suivirent ses traditions, au Régent et à Louis XV. Le mal empira encore, et plus tard les excellentes intentions du vénérable Louis XVI furent impuissantes à y porter remède.

Le courant suivait sa marche envahissante. Au règne des preux, des chevaliers à armure de fer, avait succédé le règne des courtisans à grande perruque d'abord, poudrés à blanc ensuite; faquins à jabots, à dentelles et bas de soie, types de maîtres à danser, dont le principal mérite consistait à faire des pirouettes et à prendre du tabac suivant la mode du jour.

Le soldat, l'homme de guerre, tout ce qui était véritablement noble et digne, tout ce qui avait conservé de la vitalité et de la vigueur n'avait pu se ployer devant cette autocratie nouvelle et avait été écarté.

Dépouillés de toute influence et de toutes prérogatives, les plus grands du royaume par la naissance, par les titres, par l'étendue des domaines, n'étaient plus que des personnages secondaires auprès des *missi dominici* ayant plein pouvoir de l'autorité souveraine pour régir et régenter la France, auprès des intendants, des commis et des agents sous leurs ordres.

Les favorites, les favoris des favorites avaient le pas sur tous. C'était là la grande source de toutes les grâces et faveurs.

Le clergé lui-même avait dû subir cette domination humiliante. Si dans les rangs infimes les traditions évangéliques étaient religieusement conservées, au sommet de la hiérarchie on pouvait constater de coupables condescendances et de honteuses complicités dans le débordement des mœurs.

Les ordres privilégiés, toutes les grandes existences, toutes les influences anciennes, la noblesse, le clergé, les Parlements avaient dû s'incliner devant cette nouvelle puissance qui dominait tout et gouvernait tout : LA COUR.

DÉMOS.

Vous pourriez dire le harem.

Oui, le harem! La similitude est complète, car, pour le souverain de l'empire ottoman, le harem est le siège des voluptés et le centre du pouvoir.

Une dissemblance notable, toutefois : dans le harem du grand sultan, il n'y a que le maître de céans, des filles et des eunuques.

A la cour de France il n'en était pas ainsi. Si les sultanes savaient lire, elles apprécieraient cette énorme et radicale différence et envieraient le sort des dames de Versailles. Là, les choses allaient d'un autre train ; et pour l'expliquer il faudrait recourir, non pas à la langue turque, mais au vocabulaire de notre littérature réaliste moderne.

Vous avez bien raison, Carlos, c'est un livre obscène que l'histoire de France pendant cette longue période qui va de l'avènement de Louis XIV à la fin du règne de Louis XV. Triste scandale que ce débordement de mœurs ; que ces mauvais exemples venus d'en haut et du point culminant de la hiérarchie sociale. Honteux spectacle que ce long défilé des royales coquines, des augustes drôlesses tour à tour présentées aux hommages, et l'on pourrait presque dire à l'adoration du public, depuis la La Vallière avec ses airs de rosière, jusqu'à la du Barry avec ses allures de dévergondée. Et cela au grand jour et en plein soleil, avec cynisme, sans pudeur ni vergogne ; et cela au centre d'une nation qui a la prétention de se dire la fille aînée de l'Eglise.

L'Eglise! elle joua un bien triste rôle dans ces saturnales éhontées.

Avez-vous lu Pétrone, Carlos? Vous rappelez-vous ce passage où l'on célèbre avec pompe, avec tous les rites d'usage et les cérémonies règlementaires, les noces d'un petit garçon et d'une petite fille, deux impubères, deux enfants dont on a préparé le lit nuptial, et cela au milieu d'un groupe nombreux de débauchés avides de ce spectacle monstrueux, sous la direction d'une cynique matrone, organisatrice de cette fête criminelle qui tomberait aujourd'hui sous l'application des articles les plus sévères du code pénal?

Eh bien! dans les débauches de Louis XIV, du Régent et de Louis XV, l'Eglise a joué, à peu de chose près, le rôle de cette matrone, assistant à ces débauches, y prenant part comme si elle devait les sanctifier par sa présence, bénissant avec ses goupillons ces scènes de libertinage et d'adultère, venant après coup encenser avec ses encensoirs ces tableaux de haute luxure et de lubricité transcendante. Voyez les peintures du temps. Dans les tableaux qui représentent la cour, il y a toujours un groupe obligé, le groupe des prélats, brillant des plus vives couleurs.

Toutes ces dames s'approchaient régulièrement des sacrements. La du Barry elle-même ne manquait pas de faire ses pâques; les mémoires du temps en font foi. Le concours du clergé ne fit jamais défaut; les plus éminents, les plus célèbres de ses membres n'osaient pas le refuser. C'est là encore un fait historique.

Lorsque le fameux Dubois fut nommé cardinal, scandale scandaleux par-dessus tous, il fallut célébrer une grande solennité religieuse, un sacre. C'est l'illustre Massillon qui présida à cette célébration et qui officia en pleine cathédrale.

Vous niez souvent le progrès, Carlos; je vous ferai une simple question.

Est-il aujourd'hui dans tout le clergé français un prêtre, quelque modeste qu'il soit, qui voulût participer et s'associer à une semblable profanation?

Et ce n'est pas là un fait exceptionnel et isolé. Les faits semblables surabondent.

En est-il un de plus saillant, de plus révoltant que le testament du Grand roi, la légitimation des bâtards? C'est là sans contredit le *nec plus ultrà*.

La légitimation des bâtards! c'est-à-dire la consécration authentique et comme le couronnement solennel de l'adultère, la glorification du libertinage, l'exaltation, l'apothéose de la déesse débauche ; acte de cynisme chez un octogénaire arrivant à son lit de mort ; profanation impie chez un monarque chrétien. Il ne pouvait trouver une manifestation plus significative, une formule plus précise pour renier sa religion et sa foi.

L'histoire l'a surnommé Louis le Grand, elle aurait autant et plus de raison de dire Louis l'apostat, Louis le renégat. Le pauvre insensé ! — on peut s'exprimer ainsi lorsqu'on parle au nom de principes sacrés — le stupide vieillard. Il s'était figuré dans son fol orgueil qu'il pouvait, lui le Grand roi, changer par décret les lois immuables du christianisme, réhabiliter et ennoblir le vice, glorifier le libertinage, — parce que le libertinage était son fait, — et effacer la tache originelle qui pesait sur sa progéniture doublement adultérine.

On ne saurait imaginer une profession de foi plus explicite. Par cet acte sacrilège, il mettait son autorité au-dessus de l'autorité de son Dieu.

Nécessairement on n'en tint aucun compte ; cet outrage impudent aux lois divines et humaines fut mis à néant et lacéré d'urgence. En le déchirant avec éclat, la haute cour de justice ne fut que l'interprète de la réprobation générale.

Mémorable exemple, qui prouve que le plus

puissant des potentats ne saurait réhabiliter la débauche, alors qu'au contraire la débauche doit fatalement entraîner la ruine des plus puissantes monarchies.

CARLOS.

Oh! peste, cher Démos, quel saint zèle et quelle pruderie!

J'exagérais tout à l'heure en faisant la critique de Louis XIV. Ces exagérations, vous les exagérez encore.

On dirait à vous entendre que ce règne fut exclusivement rempli par des aventures galantes. Cela est inexact, car à d'autres points de vue il eut sur les destinées de la France une heureuse et immense influence. Il éleva sa grandeur et son renom à une hauteur inconnue jusque-là. Pendant sa durée presque séculaire, il contribua puissamment au rayonnement intellectuel qui fut la gloire de l'époque; et nous avons pu dire sans trouver de contradicteurs : le siècle de Louis XIV, comme on avait dit autrefois le siècle de Périclès, le siècle d'Auguste.

C'est la protection intelligente et passionnée accordée aux beaux-arts et aux belles-lettres qui fut la source de cette splendide efflorescence du génie national. Et si notre littérature a été, parmi toutes les littératures modernes, la littérature magistrale, la littérature reine, la digne héritière de la Grèce et de Rome; si nos grands écrivains ont été les successeurs en ligne directe, les continuateurs des Sophocle et des Horace, des Aristophane et des Térence, c'est à la puissante impulsion et à la bonne direction donnée à l'esprit public que nous le devons. Et le grand souverain peut revendiquer une grande part dans cette gloire.

C'est lui qui donna le ton, assura le goût et sut maintenir la pensée de sa génération à une élévation sans pareille. Les plus grands génies de son siècle venaient s'inspirer à sa vue. Il était comme une image vivante que tous prenaient pour modèle. Il les guidait dans la voie des grandes traditions et des nobles inspirations; et lui mort, la décadence survint aussitôt.

Sous d'autres aspects, son rôle fut tout aussi considérable.

C'est lui qui constitua définitivement l'unité nationale. Avec son système de centralisation, centralisation exagérée j'en conviens, il fit de la France un tout homogène et parfait. Et vous lui devriez, Démos, une grande reconnaissance pour ce fait, car vous n'avez eu plus tard qu'à prendre sa place pour être les maîtres du pays.

Nos plus grandes institutions furent son œuvre. Il prit ses ministres parmi les premières célébrités de son temps et marcha toujours entouré de toutes les grandes illustrations de son siècle. Son attitude vis-à-vis de l'étranger fut toujours digne et ferme, trop hautaine et trop exigeante peut-être, mais enfin nul n'eut plus de souci de l'honneur national.

Il aimait trop la guerre, comme il en fit lui-même l'aveu à son lit de mort ; mais il y figura avec honneur ; il faisait au besoin bonne contenance au feu. Des revers signalèrent la fin de son règne ; mais en définitive il laissa la France agrandie, respectée et redoutée au dehors.

Il avait relevé l'esprit militaire, mis partout le courage à l'ordre du jour. Parcourez les galeries de Versailles, vous serez étonné du grand nombre de soldats illustres qui tombèrent sur les champs de bataille pour la défense de notre drapeau. Les plus grands noms de France figurent dans ce martyrologe dont nous devons être fiers.

En présence de tous ces faits, il faut être indulgent pour de regrettables faiblesses. En face de ces gloires, elles sont bien amoindries et ne paraissent plus que des peccadilles.

DÉMOS.

Des peccadilles ! oh le pauvre homme ! des peccadilles ! c'est-à-dire de petits péchés mignons, n'est-ce pas? et tout ce qu'il y a de plus véniel? Oh le pauvre homme! toujours des exagérations; mais celle-ci en sens contraire.

Vous venez de nous faire une apologie emphatique du Grand roi. Si on l'acceptait sans réfléchir, on pourrait croire que c'est lui qui gagna la bataille de Rocroy, livrée avant son avènement; que c'est lui qui conduisit les campagnes de Turenne et de Condé, antérieures, je crois, à sa puberté; que c'est lui qui a écrit le *Cid* de Corneille, alors qu'il n'était pas né ou qu'il était encore au berceau. On pourrait croire qu'il fut l'auteur des comédies de Molière, des fables de La Fontaine, des tragédies de Racine et des travaux scientifiques de Pascal; que c'est lui qui traça les fortifications de Vauban; que c'est lui, et non pas le maréchal de Villars, qui sauva la France à Denain, alors qu'à ce moment il était enfermé dans son harem de Versailles, filant aux pieds de je ne sais plus quelle vieille Omphale.

On ne saurait admettre une pareille altération de la vérité; il faut rendre à chacun ce qui lui est dû.

Notre littérature est l'œuvre de nos littérateurs, comme les victoires dont nous pouvons nous honorer sont l'œuvre de nos soldats et des capitaines qui les commandaient. En attribuer le mérite à d'autres serait injuste et absurde. Le hasard, une heureuse fatalité firent que sous son règne apparut une pléiade de grands talents, d'illustrations saillantes, de grands génies. Le monarque sut les grouper autour de lui et s'en faire une auréole, cela est vrai; mais il ne saurait s'approprier toutes ces gloires et l'on ne doit pas lui en attribuer la paternité.

Il est même à remarquer que tous les grands hommes et toutes les grandes choses de ce règne se rattachent par le fait à une époque antérieure, au règne précédent, à l'administration du grand Richelieu, — grand, celui-là, sans conteste.

On posait un jour à un homme de sens et de savoir cette question : quel est le plus grand des rois de France? Il répondit : c'est le roi Louis XIII, car il laissa ou fit gouverner à sa place le célèbre cardinal, son ministre. Il avait parfaitement raison. Toutes les grandeurs du siècle de Louis XIV remontent là.

C'est le grand cardinal qui répandit les germes qui devaient si bien fructifier plus tard, ensemença le champ que d'autres moissonnèrent, et ouvrit une grande ère que ses successeurs n'avaient plus qu'à continuer. C'est lui qui, plus que tout autre, mérita le surnom de libérateur du territoire. Car il sut l'affranchir et des entreprises de l'hérésie et des menaces de la domination étrangère. Il fut le fondateur de l'unité nationale; car il abaissa tous les grands qui pouvaient porter ombrage à l'autorité royale; il fit tomber toutes les têtes qui pouvaient se dresser en face du pouvoir central.

Il fut le protecteur éclairé, passionné, on peut dire le père des belles-lettres et des beaux-arts. L'Académie française est le grand monument qui a perpétué la mémoire de cette paternité.

N'en déplaise à Rabelais et à Montaigne, la fixité, la correction, la pureté de la langue française datent de là. Là est la véritable source du bon goût, du bon style et de l'esprit de bon aloi. Avant il n'y avait en France que des patois informes; après il n'y a eu que décadence.

C'est cette époque qui vit éclore et apparaître ces immortels chefs-d'œuvre qui ont été les grands modèles que les générations ultérieures d'écrivains n'ont eu qu'à imiter, — ce qu'elles n'ont pas toujours su faire.

On peut toutefois se demander s'il n'eût pas été à désirer, dans l'intérêt du bon goût, que cette imitation eût été plus rigoureuse, plus servile, si l'on peut s'exprimer ainsi. On peut se demander si le règne de Louis XIV, avec son amour exagéré de la pompe et du faste, n'a pas contribué à altérer, à gâter les bonnes traditions de notre première génération littéraire, des Corneille, des Malherbe, des Molière.

Cette dégénérescence est incontestable pour les costumes et les modes. Auprès des gentilshommes de la cour de Louis XIII, remarquables par la distinction et le goût irréprochable de leur tenue, les courtisans de Louis XIV, les hommes à grandes perruques et à grands canons ne sont que des grotesques, des personnages de mascarade.

Le même fait ne se produisit-il pas dans le domaine littéraire, comme dans le domaine de la mode?

Cet esprit de jactance ampoulée, de boursoufflure, d'adulations outrées, qui inspirait le style des épîtres, des dédicaces, n'a-t-il pas exercé une mauvaise influence et altéré le génie prime-sautier si naturel de nos premiers écrivains, leur sève et leur verve?

Sur une terre, dans un milieu de liberté, Racine eût été moins élégant, moins harmonieux peut-être, mais à coup sûr plus hardi, plus dramatique, plus émouvant; il eût abordé d'autres sphères. La Bruyère eût été plus osé, plus original; on voit que la crainte de sortir d'une correction irréprochable était sa grande préoccupation.

Suivant toutes les probabilités, notre littérature a perdu de précieuses richesses par le fait de la pression exercée, par l'action incontestable d'une autocratie hautaine et toute-puissante.

CARLOS.

Oh! permettez, Démos, vous abusez. Vous nous faisiez tout à l'heure un cours de droit politique; ce sont maintenant des leçons de littérature que vous prétendez nous donner. Notre éducation n'est plus à faire sur ce point; — elle est manquée depuis longtemps.

Mais revenons à notre sujet; nous voilà bien loin des principes de 89.

Mais où en étions-nous donc?

Ah! j'y suis, aux irrégularités de la vie privée de Louis XIV.

DÉMOS.

Dites plutôt aux scandales de sa conduite.

Il n'y a pas de vie privée pour un prince en évidence, pour un monarque sur le trône. Tous ses faits et gestes sont publics et notoires.

Il y a cela d'étrange dans notre discussion, Carlos, que c'est moi, l'homme à foi bien élastique, trop élastique j'en conviens, le libre-penseur, le mécréant, qui soutiens les vrais principes de la religion; tandis que vous, le pur, l'orthodoxe, avec vos condescendances et atténuations, vous en faites par trop bon marché. Et je suis amené à vous poser cette question :

Êtes-vous, ou n'êtes-vous pas chrétien?

Le christianisme, vous le savez, a de rigoureuses exigences. Il n'admet point de pacte avec l'impiété. Il proclame qu'il y a des principes qu'on ne peut violer sans renier la foi tout entière, — et en première ligne ceux que le Grand roi se fit un jeu de fouler aux pieds.

Pour bien expliquer ma pensée, je prends un exemple dans les conditions ordinaires de la vie bourgeoise. Que penseriez-vous d'un homme dont on vous raconterait la manière de vivre ainsi qu'il suit :

C'est un vieillard marié, chef d'une nombreuse famille; il a vu naître et grandir autour de lui enfants, petits-enfants, arrière-petits-enfants; et malgré cela ses mœurs ont été toujours dissolues.

Sa fortune primitive était énorme; mais il l'a dissipée en grande partie dans de folles prodigalités, en compagnie de femmes de mauvaise vie. Depuis sa jeunesse, il a constamment vécu avec des concubines dont l'énumération serait trop longue. Ces concubines, il les installait publiquement dans le domicile conjugal, les produisant au grand jour et sans vergogne, les plaçant à ses côtés et au premier rang dans les nombreuses fêtes qu'il donnait. Il n'était bruit dans tous les environs que de ses fastueuses galanteries et de ses libéralités pour ces drôlesses. Il exigeait de tout son entourage les égards les plus respecteux pour elles, et quiconque leur eût manqué eût encouru ses colères.

Par contre, son épouse légitime, objet de ses dédains, quoique très estimable personne, était reléguée dans un coin écarté de son habitation, vivant à part, délaissée et comme exclusivement réservée pour son rôle de reproduction. Les enfants nés de cette union, il n'en avait guère de souci. Il en perdit successivement plusieurs, et des plus méritants, des plus distingués. Ces épreuves cruelles qui auraient navré et désolé à jamais un autre que lui, ne lui firent aucune impression, ou du moins ne modifièrent en rien sa manière de vivre. Il n'en continua pas moins sa vie de bohême, ses joyeux passe-temps, ses courses érotiques de la brune à la blonde, de la jeune au front virginal à la vieille érudite dans la science du libertinage de haute école.

Il eut nécessairement nombre de bâtards, d'enfants adultérins. Ceux-là étaient l'objet de ses plus chères prédilections. Il les dotait richement aux dépens des biens de la famille. Il leur faisait bâtir de somptueuses demeures et donnait large satisfaction à tous leurs caprices. Il méditait même en dernier lieu de leur laisser en propre la plus grosse part de son avoir, ses meilleures terres et la meilleure portion de sa maison, et de frustrer ainsi sa descendance légitime. Et s'il ne le fit, c'est qu'il ne le put.

Il mena enfin cette vie de désordre jusqu'au bout et persévéra dans ses vicieux instincts jusqu'à la décrépitude, jusqu'à son lit de mort.

Ce qu'il y a d'étrange, c'est que cet homme avait une telle suffisance, une si forte dose d'aplomb, une foi si ferme en lui, qu'il fit presque partager au public son culte pour sa propre personne. Il fut toujours très entouré. Les notables d'alentour ne craignaient pas de le fréquenter et d'applaudir à ses fredaines. Le curé de la paroisse lui-même, le saint ministre des autels, était, dit-on, un des familiers les plus assidus de cet amphitryon chez qui, du reste, on dînait fort bien.

Ce train de vie dura jusqu'à sa mort. Mais alors il y eut une violente réaction et comme un réveil de la conscience publique. Il avait laissé des affaires très embarrassées. Il avait légué la ruine aux siens. Sa mémoire fut honnie et ses cendres insultées.

Voilà mon histoire, ma parabole, si vous voulez.

Maintenant, je vous le demande, Carlos, si nous transposons ce tableau des régions bourgeoises dans les hautes sphères des sommités historiques, la vie de ce monsieur n'est-elle pas de tous points la même que celle du grand monarque qui excite votre admiration ? N'y a-t-il pas identité parfaite? N'est-ce pas là l'existence tout entière du Grand roi Louis XIV, du roi soleil, du roi *nec pluribus impar*, du roi « l'Etat c'est moi » ?

Orgueil et dissolution, parade et débauche, tel fut le principal emploi de cette existence. La mission de ce prince illustre fut par-dessus tout une mission de démoralisation.

En dehors il fit de grandes choses, je le reconnais; mais ce ne fut pas là son œuvre principale. Il donna sans contredit plus de temps à ses maîtresses qu'à ses ministres, plus de soins à ses plaisirs qu'aux affaires du pays. Il voulut pour ainsi dire changer notre foi traditionnelle et contraindre son peuple à adorer, non pas le veau d'or, mais la déesse luxure.

Jusque-là cette divinité interlope avait bien compté de nombreux adorateurs parmi les plus grands ; mais ces éminents personnages avaient eu soin de cacher sous le masque leur coupable idolâtrie. Ils rougissaient de leurs faiblesses et s'efforçaient de les dissimuler.

Louis XIV mit de côté cette pudeur. Il dressa des autels à la débauche et exigea qu'il lui fût rendu un culte public et solennel. Son influence sur les mœurs fut déplorable. Toutes les maisons de prostitution devraient appendre avec pompe sa portraiture dans leurs grands salons d'honneur. Il concourut, en effet, dans une large mesure à la prospérité de ces établissements.

Le libertinage fut le grand fait, la principale préoccupation de cette royale existence. Les beaux-arts, les belles-lettres ne furent auprès qu'accessoires, secondaires. Racine tomba en disgrâce pour avoir par inadvertance blessé l'amour-propre de la Maintenon. Le roi lui lança un regard irrité, comminatoire, et ce regard fut comme un coup de foudre qui le blessa à mort. Il en mourut de chagrin, disent les mémoires du temps. Et, au fait, qu'était l'intérêt littéraire, Athalie et Phèdre auprès d'un froissement à la sultane favorite ?

Vous avez célébré sa bravoure sur les champs de bataille ; on ne l'a jamais contestée. Il était de sa race ; il était prince ; il était le roi ; il fallait bien qu'il fît bonne contenance au feu.

Il ne faut cependant rien exagérer. Je ne

sache pas qu'il ait jamais pris part à de sanglantes mêlées. S'il s'y fût risqué un jour, s'il eût dans quelque rencontre sérieusement exposé sa personne, toutes les trompettes de la renommée auraient aussitôt retenti ; c'eût été un vacarme assourdissant, un enthousiasme approchant du délire. Boileau eût aussitôt versifié de nouvelles odes. Tous les faiseurs de dithyrambes auraient reçu de nouvelles commandes.

Non, son rôle à la tête des armées fut plus modeste et plus prudent. Il s'en allait en guerre en carrosse avec les femmes, comme dit Saint-Simon. Il leur faisait admirer sa belle prestance et sa majestueuse désinvolture, sa prétendue science militaire. Il ne fut pas un roi soldat, comme saint Louis, comme François Ier, comme son aïeul Henri IV. Et sa grandeur le retint toujours sur les rivages où l'on ne se battait pas où l'on se battait peu.

Il faut être juste cependant. L'histoire raconte qu'il prit une part active au siège de Besançon. Il se croyait une aptitude spéciale pour cette sorte d'opérations. Pour la guerre en rase campagne, il voulait bien admettre la supériorité de Turenne et de Condé ; mais pour diriger l'attaque des fortifications, il s'estimait sans rival, et tous les courtisans d'applaudir et de s'exclamer. Sa Majesté fut dans les tranchées ; Sa

Majesté mit le pot en tête, disent les mémoires du temps. Le pot en tête! oh! ce dut être là une cérémonie solennelle et qui dut exiger bien des préparatifs. Le perruquier en chef, que dis-je, tous les perruquiers de Sa Majesté durent y prendre part. Enfin la Providence protégea l'auguste perruque, et l'histoire put proclamer cet héroïque exploit.

En résumé, tout compte fait, ce prince fut un mauvais prince, son influence fut désastreuse.

Il renia publiquement, solennellement sa foi, en embrassant par le fait l'islamisme, la religion de la polygamie et de la luxure.

Par les dérèglements d'une conduite éhontée, il mit en discussion tous les principes acceptés jusqu'à lui. Il ébranla les bases séculaires du christianisme et déconsidéra ses ministres coupables, sinon de complicité, du moins de lâches condescendances.

Il enseigna au peuple le mépris de la royauté ; et la France, renommée par son amour pour ses rois, disent les vieux livres, perdit encore à cet endroit ses vieilles croyances. Au sein d'une population honnête, laborieuse, de mœurs régulières, le principe monarchique, après de tels excès, ne pouvait conserver son prestige.

Louis XIV perdit encore l'aristocratie dans

l'opinion en l'associant à ses désordres. Il la déconsidéra en la soumettant à tous ses caprices, en lui assignant un rôle humiliant. Sa néfaste influence opéra une transformation complète.

Les descendants des croisés, des chevaliers à armure de fer, devinrent de plats courtisans, de véritables mendiants sans cesse à la recherche d'une faveur, d'un bénéfice, d'un salaire, d'une aumône quelconque, d'une fonction dérisoire dans la maison, voire même dans la garde-robe de Sa Majesté.

Les filles des nobles et puissantes dames du moyen-âge, de hautes châtelaines que les peintures du temps représentent pieusement agenouillées sur les prie-Dieu des chapelles gothiques, furent transformées en dévergondées et coururent prendre part à la sarabande générale.

Tous les grands noms de France ont été salis et souillés dans cette scandaleuse orgie. Et la débauche a des effets infaillibles : elle oblitère le sens moral et fait perdre toute notion du juste et de l'injuste, du bien et du mal.

Toute la politique de ce temps fut à l'unisson de la dégénérescence des mœurs. On eût dit qu'elle s'était donné pour règle de violer tous les principes de morale et d'aller au rebours de toutes les maximes évangéliques :

Exalter les superbes et humilier les humbles; appauvrir la pauvreté pour enrichir l'opulence; prendre à ceux qui n'ont pas assez, pour donner à ceux qui ont trop;

Réduire les masses à la détresse, à la misère, pour subventionner le luxe de quelques existences fastueuses et follement dépensières;

Doter la prodigalité aux dépens de l'épargne; l'orgueil, la paresse et la luxure, aux frais de la sagesse et de la modestie;

Rançonner sous toutes les formes imaginables le travail productif et vivifiant, de manière à entraver toutes les productions essentielles et à compromettre les principales richesses nationales;

Faire de constants efforts pour accroître les inégalités sociales, les distances entre les diverses classes, alors qu'au contraire la bonne politique serait de les rapprocher;

Travailler sans cesse à abaisser ce qui devrait être élevé, pour élever encore, et au-delà de toute mesure, ce qui devrait être abaissé.

Telle fut, en définitive et d'un bout à l'autre, cette politique néfaste et immorale.

Je le répète, toutes ces choses sont solidaires; toutes découlaient d'une source commune : la dissolution des mœurs. Tous ces faits s'enchaînent. Et le pacte de famine n'était qu'une conséquence forcée de la légitimation des bâtards.

CARLOS.

Oh! permettez, ceci est trop fort. Vous voudriez rendre Louis XIV responsable de toutes les fautes de ses successeurs. N'allez pas ainsi intervertir les dates et confondre les époques. Le Grand roi, j'en conviens, eut ses torts; il a à sa charge la Montespan et la Maintenon; n'allez pas encore porter à son compte le cardinal Dubois, la Pompadour et la du Barry.

DÉMOS.

Oh! certainement si, pour une bonne part du moins. C'est à lui qu'incombe la responsabilité; c'est lui qui donna l'impulsion et l'exemple. Ses successeurs, le Régent et Louis XV, continuèrent son œuvre; mais en somme ils ne furent que ses élèves et ses disciples.

Ils introduisirent toutefois une modification dans les formes, dans les apparences extérieures. Il se passa, lors de leur entrée en scène, ce qui arrive dans ces réunions licencieuses où la réserve a régné pendant la première moitié de la nuit. Survient un moment où cette réserve est devenue gênante, intolérable. Alors tous les freins sont rompus; les instincts comprimés font explosion; toute pudeur est foulée aux pieds. C'est une scène générale de dévergondage éhonté.

Ces scandaleuses saturnales durèrent sans interruption de l'avénement du Régent jusqu'à la mort de Louis XV.

L'apogée, le point culminant fut l'élévation de l'immonde Dubois au cardinalat. Un degré de plus, il se fût fait béatifier, et l'Eglise, complice de ses infamies, eüt dû ajouter un verset de plus à ses Litanies des saints :

Saint Proxénète, priez pour nous !

Et la Pompadour, et la du Barry, qui viennent clore si dignement la série des courtisanes souveraines, des royaux cotillons, suivant l'expression du grand Frédéric, n'auraient-elles pas, encouragées par l'exemple, exigé aussi une distinction spéciale, une mention hors ligne :

Bienheureuses drôlesses, ayez pitié de nous !

Rien ne devait étonner dans ce débordement de paganisme et de dissolution de bas-empire.

Et au milieu de cette orgie séculaire, la souveraine du pays, la reine de France, reléguée dans un coin et comme séquestrée ; exclusivement consacrée, je l'ai dit déjà, à son rôle de reproduction, comme les femelles des races chevalines ou bovines ; constamment humiliée et outragée dans sa dignité d'épouse légitime par le triomphe de l'adultère !

Pendant cette période, il y eut bien quelques faits de guerre : une grande et brillante victoire à Fontenoy; une désastreuse et humiliante défaite à Rosbach; la honte de Soubise après la gloire du maréchal de Saxe. Mais on n'y prit pas garde. Les rigodons continuèrent leur train de plus belle; la sarabande poursuivit sa ronde échevelée.

Honneur national, honneur du drapeau, tout était mort. Les dernières nouvelles de la cour, les faits et gestes des courtisanes au pouvoir et des maltôtiers aux affaires, le pacte de famine, les opérations des traitants; voilà ce qui absorbait exclusivement toutes les attentions et toutes les ardeurs.

Et, je le répète, la responsabilité de toutes ces hontes et de toutes ces calamités remonte au Grand roi, au monarque qui avait déchaîné le torrent et rompu toutes les digues pouvant l'arrêter dans son cours.

Il avait discrédité l'aristocratie en l'associant à ses coupables dissipations; il l'avait frappée d'impuissance en la ployant sous sa volonté autocratique; il lui avait fait perdre son prestige en la réduisant à un rôle de parade.

Il avait annihilé l'autorité du Parlement en l'asservissant sous les caprices d'un pouvoir sans limites.

Il avait déconsidéré le clergé en le faisant complice de ses licencieux dérèglements, en lui donnant des habitudes de courtisanerie et de mendicité, en le détournant de sa mission divine.

Et, en dehors de ces classes privilégiées, il n'y avait encore rien en France. Les autres couches sociales n'existaient pas, ou du moins n'avaient aucune importance politique.

Somme toute et comme couronnement de son œuvre, avec ses guerres sans fin et ses dépenses sans bornes, il ruina son peuple. Jamais, même après la guerre de Cent Ans, la condition des masses ne fut réduite à d'aussi calamiteuses extrémités.

L'enquête authentique qui se fit à la fin de son règne en fournit la preuve ; elle révéla des plaies profondes et une misère navrante. Et c'est sans contredit à son administration qu'il faut attribuer cette aversion séculaire, cette aversion souvent aveugle que nos populations conservent encore à l'endroit de l'ancien régime.

Vint ensuite l'infortuné Louis XVI, qui, en sa qualité d'honnête homme, paya les frais pour ces trois vauriens.

CARLOS.

Peste ! Démos, quel luxe d'éloquence ! Respirez et soufflez... et vite un verre d'eau. Quand vous serez remis, j'aurai quelques objections à vous soumettre.

Je vous ferai d'abord observer que vous prêchez un converti et, pour me servir de l'expression vulgaire, vous n'enfoncez que des portes ouvertes.

Comme vous, je reconnais et j'ai proclamé, le plus haut possible, qu'en 1789 il y avait d'immenses abus à réformer et d'utiles innovations à opérer ; qu'il fallait avant tout, par-dessus tout, revenir aux bonnes traditions de la monarchie très chrétienne : aux traditions de Philippe-Auguste, de saint Louis et de Henri IV ; aux traditions de Suger, de Sully et du cardinal de Richelieu.

Ces traditions, consacrées par un usage plusieurs fois séculaire, étaient la constitution du pays, quoiqu'elles n'en portassent pas le nom pompeux.

Il fallait rétablir cette constitution et abolir ce régime autoritaire qui avait tout comprimé, tout exploité, tout avili. Il fallait reprendre les errements antiques, et ensuite se lancer résolûment dans la voie du progrès moderne en tête de toutes les nations civilisées.

Et il y avait avant tout les traces d'une véritable orgie à faire disparaître, j'ai été le premier à le reconnaître. Il y avait de sales détritus à balayer, d'innombrables immondices à enlever, des désordres et des scandales à proscrire sans pitié ni miséricorde.

C'était là le but indiqué par tous les esprits sages et honnêtes. Malheureusement, dès les premiers jours, la révolution dévia de cette direction rectiligne. Elle s'engagea dans une voie tout aussi funeste que celle que l'on venait de quitter; elle s'irrita, s'enflamma, perdit la tête.

DÉMOS.

Un instant! arrêtons-nous ici, Carlos, car c'est ici le point de bifurcation où nos idées doivent se séparer et diverger de plus en plus, je le crains.

Et encore une digression historique; encore une excursion dans le passé, dans un passé lointain et presque fabuleux. Vous êtes remonté à Louis XIV; moi je vais bien plus haut, je vais jusqu'à Clovis, Clodion et Mérovée, à l'invasion des Gaules par les Francs.

Dans une des premières séances de l'assemblée constituante, un député du Tiers-Etat, interpellant un député de la noblesse, lui posa cette question :

— D'où tenez-vous vos droits ?

— De la conquête, lui fut-il imprudemment répondu.

— Eh bien! nous serons conquérants à notre tour, répliqua le bourgeois.

Toute la révolution est dans ce colloque qui résume tout.

C'est qu'en effet, en 1789, il restait encore sur notre sol des vestiges de l'invasion des Gaules par les barbares, par les Francs; et pour les effacer, il fallait une crise profonde et radicale, une révolution.

Quatorze siècles avaient passé, et malgré cela le droit du plus fort, la suprématie du vainqueur sur le vaincu subsistaient encore sous mille formes.

La population était encore divisée en deux couches sociales, en deux peuples distincts, en deux races d'origine différente : les conquérants et les conquis. D'une part, une oligarchie qui depuis son entrée sur le sol de France avait conservé ses privilèges et prérogatives, fruit de la victoire; de l'autre, les masses subjuguées, réduites encore à une humiliante et piteuse infériorité, conséquence de la défaite et de l'asservissement.

C'est pour mettre à néant ces différences et distinctions que nos pères firent la révolution. Proclamer le triomphe du droit commun sur les derniers débris de la servitude antique, tel devait être, tel fut leur but.

Ils furent à leur tour vainqueurs et conquérants. Malheureusement un si grand résultat ne pouvait s'obtenir sans déchirements violents, sans crises sanglantes.

CARLOS.

Oh! sur ce point, Démos, je ne suis point de votre avis.

Je pense, au contraire, que rien n'était plus aisé qu'une solution pacifique.

Ah! si l'aristocratie avait de prime-abord répondu par un refus aux sacrifices qu'on exigeait d'elle, — qu'on était en droit d'exiger, je vous concède ce point; — si elle avait opposé de la résistance et de l'hostilité pour défendre ses vieilles prérogatives : l'exemption de l'impôt, les redevances féodales, les droits seigneuriaux, les rentes, alors! oui, alors une lutte acharnée, meurtrière était inévitable. Mais agit-elle ainsi? Vous le savez, sa conduite fut toute contraire. Elle n'attendit pas que des sommations lui fussent faites; elle alla au-devant. C'est spontanément et de sa propre initiative que, dans un généreux élan de patriotisme, elle offrit en holocauste à la révolution toutes ses prérogatives, tout ce qui pouvait ressembler à un privilège et à un abus.

La nuit du quatre août, cette nuit mémorable

et solennelle, qui fut la plus grande journée de la Révolution, offrit ce noble spectacle : on vit le vieil édifice féodal renversé et mis en pièces par ceux-là même qui l'avaient élevé et qui avaient le plus d'intérêt à sa conservation. Ce fut un généreux élan, une admirable émulation de sacrifices et d'abnégation.

Le lendemain il ne restait plus vestige de la conquête et de la prédominance d'une caste. Et si, comme vous le dites, c'était là le but unique de la révolution, les représentants de la nation pouvaient parfaitement, dans la matinée du 5 août, reprendre leurs coches et rentrer paisiblement dans leurs provinces respectives. Leur œuvre était parachevée.

Malheureusement pour bien des gens — et ils étaient très-nombreux — elle était à peine ébauchée.

Nous nous livrions tout à l'heure à de longues digressions pour bien définir le but de la révolution de 1789. Dans cette étude rétrospective, je suis allé jusqu'au règne de Louis XIV. Remontant bien plus haut encore et jusque dans la nuit des temps, vous êtes allé jusqu'aux premiers rois Mérovingiens, à la conquête des Gaules par les Francs. Vous avez rappelé avec à-propos le mot célèbre du député du Tiers : « Eh bien! nous serons conquérants à notre tour. »

Conquérants, très bien. Mais conquérants de quoi? Voilà la question, la grosse question.

Si dans les hautes sphères on n'avait en vue que des conquêtes de l'ordre théorique et métaphysique, des revendications de droits politiques, des suppressions de privilèges, il n'en était pas de même dans les degrés inférieurs de l'échelle sociale.

Dans les derniers bas-fonds, c'était la conquête des bourses, montres et bijoux que l'on visait, — quoique la possession de ces objets n'eût aucun caractère féodal.

En remontant plus haut, c'étaient les grandes fortunes qui excitaient les convoitises. Et le grand tort, le crime de l'aristocratie n'était-il pas de posséder de grandes richesses, de grands biens, de vastes terres?

Pour les vrais démocrates, pour les purs, c'était là encore un abus à réprimer, un privilège à assimiler aux dîmes et aux rentes.

Les bons patriotes pouvaient-ils tolérer le voisinage d'une opulence offensante pour leur débine et leur infériorité? Cette infériorité n'était-elle pas une atteinte injurieuse aux droits de l'homme et du citoyen?

N'est-ce pas de ces sentiments que vinrent les premières pensées de proscription? Et la gradation ne se fit-elle pas ainsi : Echec aux titres et privilèges d'abord; échec aux biens et aux personnes en second lieu?

Pour d'autres personnages — et ceux-ci étaient innombrables, — conquête de droits, liberté, affranchissement, ne voulaient-ils pas dire : affranchissement de l'obligation de payer ses dettes ; liberté de faire banqueroute ; faculté de s'en aller sans payer?

Et que de malheureux créanciers durent à ces causes leur inscription sur le livre des suspects!

On avait proscrit pour spolier ; on proscrivit encore pour supprimer la carte à payer.

Et dans les hautes sphères gouvernementales, les nouveaux conquérants du pouvoir, de l'influence, de la célébrité, n'obéirent-ils pas le plus souvent à des instincts semblables?

Parmi tous ces tribuns renommés, parmi tous ces grands révolutionnaires en évidence, combien comptaient, la révolution accomplie, reprendre paisiblement leur première condition, leur modeste profession, leur métier ou leur négoce? Peu ou point à coup sûr.

Ils avaient été les grands, et ils ne voulaient pas redevenir les petits.

Pendant la tourmente, tout ce monde-là était devenu conquérant, et comptait bien, après, conserver *per fas et nefas*, envers et contre tous, conserver les fruits de la conquête.

Cela n'est pas discutable, et, convenez-en, Démos, s'il y eut à cette époque des réclamations légitimes, de justes exigences, des tendances avouables, des ambitions justifiées, il y eut encore, et en plus grand nombre, des visées malhonnêtes, des convoitises criminelles et des manœuvres hypocrites sous le masque du bien public.

Ce fut encore l'ère des infatuations grotesques et des hallucinations insensées. A ce dernier point de vue, les limites extrêmes de la démence furent atteintes. Le plus grand orgueil de l'histoire de France, ce n'est pas Louis XIV, c'est Robespierre. Ce fut là l'apogée, le cas le plus saillant de cette fièvre qu'engendre l'amour de soi poussé jusqu'au délire.

Cet illustre misérable professait un culte pour sa personne, et c'est pour faire partager cette adoration au public qu'il proscrivit sans merci ni miséricorde tous ses rivaux, les royalistes d'abord, les républicains ensuite, et fit abattre toutes les têtes qui pouvaient le dominer.

Toutes les statures plus grandes que la sienne, tous les talents oratoires qui pouvaient mettre en relief le vide ridicule de sa phraséologie de cuistre, furent impitoyablement immolés.

Ce fut une Saint-Barthélemy générale de tous les hommes de trempe et de vigueur, d'intelligence et de savoir; de tous ceux, sans exception, qui pouvaient rendre quelque utile service à leur pays.

Il ne fit grâce à aucun. Il parcourut tout le cercle des rivalités qui pouvaient lui porter ombrage : après les constitutionnels, les girondins; après les girondins, Danton et Camille Desmoulins; puis les hébertistes et ainsi de suite.

Il ne restait plus en dernier lieu auprès de lui que son séide St-Just. Mais quelques jours de plus encore, il l'eût certainement fait tuer, de crainte que la beauté de sa figure ne détournât les regards de la foule.

Ce fut un abominable homme. — Mélange de Trissotin et de Lacenaire. — Jamais âme humaine ne fut formée d'éléments aussi vils et aussi hideux; aussi lorsque l'horreur qu'il inspirait eut atteint son apogée, ce fut un soulèvement général, une explosion. Aucune voix ne s'éleva pour le défendre. Hormis une douzaine de compères et de complices qui étaient sa garde du corps, tous se ruèrent sur lui. Une coalition générale s'était instantanément formée entre tous les partis. Et ce fut au milieu des bravos prolongés, venus des bords les plus opposés, que la France écrasa sous ses talons cet odieux monstre, comme on écrase sur le plancher un insecte venimeux. Et ce fut là un grand jour, un jour de délivrance et de bonheur.

Démos.

Un mot d'explication, Carlos. Tout en causant avec moi, il me semble que vous me regardez comme si vous attendiez une protestation de ma part. Je vous prie de m'assurer que ce n'est pas là votre pensée.

Vos appréciations sont sévères, mais je les partage entièrement. Bien plus, toutes les nuances du parti républicain devraient parler comme vous le faites. Le misérable dont vous venez de tracer le véridique portrait a fait plus de mal à notre cause que tous les royalistes passés, présents et futurs.

Carlos.

Vous vous êtes mépris, Démos, je n'ai pas voulu vous faire une pareille injure et supposer que vous vous feriez l'avocat de Maximilien Robespierre. Je m'empresse de vous affirmer qu'il n'en est rien. Je combats vos idées, mais j'estime trop votre personne pour me permettre une pareille hypothèse. Mais n'allez-vous pas trop loin en vous portant fort pour tout votre parti, sans exception? N'avons-nous pas vu de méprisables folliculaires faire de nos jours des efforts pour réhabiliter cette mémoire abhorrée? Vous les réprouvez; moi je ne veux pas descendre aussi bas.

Passons.

Toujours est-il que le cas de Robespierre n'est pas un cas unique.

A côté des légitimes revendications, les plus mauvais instincts, l'envie, la haine jalouse, les plus basses cupidités s'agitèrent et se firent jour. Comme l'a dit Rivarol avec esprit, à cette époque funeste Boursault eût obtenu la proscription de Molière, et Pradon n'eût pas manqué Racine.

Si l'aristocratie n'eût pas possédé de grands biens, de grosses fortunes, elle n'eût pas provoqué d'aussi violentes colères, et les listes de suspects eussent été réduites dans d'immenses proportions.

DÉMOS.

Arrêtez, Carlos. Je ne puis sans protester laisser ainsi outrager mon drapeau. Dans ce grand mouvement d'opinion de 1789, quelques mauvais éléments purent bien s'introduire. Toutes les époques ont eu leur parti Catilina; tous les siècles leur cortège de grotesques et de bouffons. Mais le gros de la nation fut étranger à ces coupables ou ridicules tendances. L'immense majorité ne sortit pas des aspirations fondées en droit et en équité ; elle avait souffert jusque-là de vexations abusives, de spoliations continuelles, d'un déni de justice permanent ; elle voulut mettre un terme à ce régime et lui substituer le régime du droit commun. Voilà tout. Voilà la révolution réduite à sa plus simple expression.

Mais c'est là ce que les vôtres ne purent tolérer. Ils avaient vécu jusque là de faveurs royales, de privilèges de caste ; c'était là leur pain quotidien. Ils n'eurent pas le courage d'en faire le sacrifice et de chercher des moyens honnêtes et réguliers d'existence. Ils aimèrent mieux sortir de France que de se soumettre à ces nouvelles lois, lois de travail et d'équitable égalité.

Oh ! ce fut une bien fatale pensée qui vint à l'esprit de vos ancêtres que la pensée de l'émigration, que la pensée de déclarer la guerre à la France et de passer à l'ennemi, à la vue des premiers désordres de l'intérieur, — désordres regrettables, désordres qui eussent été bientôt et facilement réprimés et qui, suivant toutes les probabilités, n'eussent duré que quelques mois.

Etait-ce cependant des conditions inacceptables que leur offrait le nouvel ordre de choses ?

Il faut distinguer :

Oui, inacceptables pour les courtisans, pour la tourbe salariée qui ne vivait que des aumônes royales et du gaspillage des deniers publics.

Mais pour la véritable aristocratie, pour la noblesse terrienne, pour les possesseurs de la fortune immobilière, la seule qui à cette époque eût une valeur sérieuse, c'était tout différent. Pour cette grande catégorie de citoyens, l'organisation nouvelle eût été préférable à l'ancienne. Au lieu de perdre, elle eût gagné. La première agitation passée, elle eût vu son influence s'accroître, son rôle s'agrandir, ses anciennes prérogatives se transformer en une importance plus sérieuse, plus solide, plus honorable.

Les institutions libérales et le régime représentatif, qui venaient d'être proclamés, lui ouvraient une carrière plus large et plus noble, et lui eussent assigné un rang plus élevé.

Et lorsqu'on entre dans cet ordre d'idées, il est un exemple qui saute aux yeux d'abord.

L'exemple de l'Angleterre.

Je vous le demande, existe-t-il au monde une situation sociale aussi digne d'envie que celle de l'aristocratie anglaise ?

Ah ! c'est bien là une noblesse grande pardessus toutes que cette noblesse qui ne reconnaît d'autres maîtres que les lois de son pays ;

Qui, soutenue par l'estime et la confiance générale, dirige avec sagesse les destinées d'un grand peuple ;

Qui vit de ses propres ressources et subsiste par sa propre force ;

Qui, n'ayant rien à demander à personne, n'a à s'incliner devant personne.

Elle n'a pas de rivalités à craindre, car elle accapare et s'assimile toutes les supériorités qu'elle voit s'élever autour d'elle. Elle n'a pas d'hostilité sérieuse à redouter, car toutes les fois que surgit un droit, — un droit légitime et bien établi, — elle s'empresse de lui donner satisfaction et étouffe ainsi à l'origine toutes les oppositions qui seraient une menace pour l'avenir. Et elle ne s'y trompe pas, car, dans le long exercice de sa haute magistrature, elle a su acquérir une rectitude de vues qui est presque de l'infaillibilité.

Oui, toutes ces grandes existences constituent autant de véritables souverainetés indépendantes, assises sur la sagesse des traditions et le respect séculaire des générations.

Non, il n'est pas possible d'imaginer un plus beau rôle, une mission plus élevée ; et s'il n'était pas puéril de faire des rêves, comme dans les contes de fées, je préfèrerais être lord anglais que prince dans une autre nation, voire grand-duc, landgrave, doge, podestat, soit même monarque régnant dans un Etat d'ordre inférieur.

Ce sont des ambitions de cette nature que la chute du pouvoir absolu et du régime du bon plaisir aurait dû faire éclore parmi les grands de France.

Ils ne le comprirent pas. Ils préférèrent se mettre à la remorque des courtisans et des laquais congédiés. Pouvaient-ils comprendre, du reste?

Dans le milieu de folles étourderies où ils avaient constamment vécu, était-on capable de réflexions sérieuses et de méditations profondes? Combien y en avait-il qui avaient lu ou su lire l'histoire d'Angleterre? Pas un seul peut-être. Et parmi la gentilhommerie de province, chasser en toute saison, courir un lièvre, pêcher une rivière ou un étang, cavalcader, poursuivre des aventures galantes, se livrer à d'autres exercices exigeant la même dépense d'efforts intellectuels, n'était-ce pas là toute la vie?

Il y eût eu évidemment, pour aborder un rôle sérieux, un apprentissage à faire, une aptitude à acquérir. Tâche pénible. Et c'est peut-être en partie pour ne pas se soumettre à cette tâche que la noblesse de France presque tout entière se fit ardemment contre-révolutionnaire et aveuglément intransigeante.

Et sous ces questions se cache un grave problème. Si l'on parcourt avec soin, si l'on examine avec attention les galeries de Versailles, un contraste frappe inévitablement : le contraste saillant entre les portraits des grands seigneurs, courtisans et gentilshommes d'une part, têtes étroites, cervelles éventées, physionomies où respirent l'étourderie et l'irréflexion; et d'autre part les têtes carrées, larges, magistrales des ministres, hommes d'Etat, juristes, tous ou presque tous d'origine bourgeoise.

Au premier aspect, il est facile de deviner que, dans la lutte qui devait s'engager entre ces deux espèces d'hommes, les seconds devaient être les vainqueurs.

CARLOS.

Que voulez-vous, Démos, tous les partis n'ont pas la science infuse; tous n'ont pas la bonne fortune que vous avez eue, de compter par centaines les génies supérieurs, les hommes éminents, universels, encyclopédiques, et surtout de hautes honorabilités, des probités immaculées, des vertus civiques à en revendre.

Je me permettrai toutefois d'observer qu'au

milieu de ces éminentes qualités, il en est une qui vous fit toujours défaut, — et celle-là essentielle ; je veux parler de l'esprit d'entente et de la force de cohésion.

Vous aviez écrit en grosses majuscules sur votre drapeau ce mot évangélique : FRATERNITÉ, et, cela fait, vous avez rempli notre histoire de déchirements sanglants, de scènes d'égorgement et de proscription. Toute la gamme de vos nuances politiques y passa, et fut à tour de rôle amenée à dame guillotine. Ce qui fit dire à l'un de vos déclamateurs les plus boursouflés : « La révolution est comme Saturne, elle dévore ses enfants. » Phraséologie qui ne serait que ridicule si elle n'était pas hideuse de vérité.

Jamais nous n'avons donné au pays le scandale de ces luttes fratricides ; nos divisions intestines n'ont jamais abouti qu'à des agitations anodines, à des crises ministérielles. Et toutes les fois que se présenta une occasion de pacification générale, nous la saisîmes avec empressement, témoin la grande tentative de conciliation de la fameuse nuit du 4 août dont nous parlions naguère.

Comme j'avais l'honneur de vous le dire, si les auteurs de la Révolution n'avaient eu que des intentions droites et pures, ils pouvaient ce jour-là considérer leur tâche comme terminée et partir sans plus attendre.

DÉMOS.

Permettez, vous le savez mieux que personne, il ne s'agissait pas seulement alors d'accomplir une œuvre de démolition, il fallait encore et surtout reconstruire sur les ruines de l'édifice écroulé. Et puis autre question. Ce fut en effet une grande journée que cette nuit du 4 août ; mais les journées qui suivirent ne lui ressemblèrent guères. Cette fièvre d'holocaustes sur l'autel de la patrie, pour se servir des locutions du temps, n'eut qu'une durée éphémère, comme tous les accès de fièvre. Le premier enivrement passé, les vieux égoïsmes se réveillèrent et revinrent à la charge.

Et d'où vint surtout cette hostilité?

Est-ce du clergé? Non. Il était en grande majorité dans le mouvement, car on n'avait encore porté aucune atteinte à ses croyances religieuses.

Est-ce de la noblesse? Non plus. Du moins dans le camp des grands seigneurs, parmi les grands noms et les grandes fortunes, — les La Rochefoucault, les Montmorency, les Noailles, etc., etc., — les idées nouvelles avaient été acceptées avec sincérité et sans arrière-pensées.

Avec la noblesse de province, race de soldats et d'agriculteurs, propriétaires terriens, attachés à leurs rustiques manoirs, il eût été encore possible de s'entendre.

Mais en dehors de ces couches sociales, il y avait une classe à part, avec laquelle toute conciliation était impossible, et qui forma dès les premiers jours le camp des intransigeants, des irréconciliables.

Je veux parler du parti de la Cour.

Les gens de cour ! engeance de parasites et de mendiants, qui avait compris que l'interdiction de la mendicité allait lui faire perdre ses moyens d'existence ; que la suppression des sinécures inutiles, des dotations dérisoires, des pensions sur les cassettes, des bénéfices, prébendes et charges, allait les réduire à la douloureuse extrémité de travailler pour vivre, de se mettre à la recherche d'occupations honnêtes et utiles.

Tous ces gens-là voyaient qu'il leur faudrait à l'avenir prendre des allures plus modestes, des habitudes de parcimonie, et que leur faste et leur luxe allaient tomber à terre comme une défroque hors d'usage.

C'était là une condition à laquelle ils ne pouvaient se résigner. Tout ce monde n'avait eu depuis un siècle d'autre métier et d'autre gagne-pain que l'exploitation du prochain, le gaspillage des fonds publics, la prévarication. C'est, par le fait, le droit au vol dont elle voulait la reconnaissance et le maintien. C'était dans ce milieu que survivaient les germes de corruption encore mal éteints, les éléments de dépravation comprimés depuis peu.

La fameuse affaire du Collier, qui éclata peu de temps avant la grande explosion révolutionnaire, en fournit une preuve mémorable.

Tous ces gens-là, dis-je, voyaient bien que la restauration des mœurs qui était dans les intentions du monarque, et le rétablissement de l'honnêteté qui était le vœu général de la population, allaient les réduire à la pénurie et les mystifier cruellement aux yeux du public. Aussi se démenèrent-ils avec rage et s'agitèrent-ils avec furie. Ils se firent agents provocateurs, attisant le feu de leur mieux et empêchant par tous les moyens la concorde de s'établir. Ils parvinrent à ébranler les bienveillantes intentions du roi; ils avaient déjà gagné la reine.

C'est dans ce milieu que fut organisée la guerre à toutes les idées de progrès, c'est là que l'on vit éclore cette néfaste et criminelle pensée de l'émigration.

L'émigration ! provocation insolente et insensée qui dénatura complètement le caractère de la Révolution et fut cause de tous les excès sanglants qui la souillèrent.

L'émigration! grand outrage au sentiment national qui fut irrité jusqu'au délire; crime de haute trahison qui produisit l'effet d'un tremblement de terre et mit en branle tout le sol français.

CARLOS.

Arrêtez, Démos. Voilà de bien gros mots : provocation, trahison, pensée criminelle.

Permettez-moi de vous dire que cette pensée criminelle pouvait s'expliquer par les circonstances ; elle serait venue à tout le monde, — à vous comme aux nôtres. Quel parti auriez-vous pris, je vous le demande, si l'on était venu assaillir violemment votre habitation pour y mettre le feu; si des hordes en furie, portant au bout de piques les têtes saignantes de vos amis, vous avaient couru sus? Il me semble que, dans cette occurrence, l'idée de vous sauver, de fuir au plus vite, vous fût naturellement et immédiatement venue; c'est là un sentiment qu'ont toujours inspiré le pillage, l'incendie et le meurtre.

DÉMOS.

Vous êtes un habile avocat, Carlos, quoique gentleman, et, si nous n'y avions garde, vous nous feriez prendre les effets pour les causes. Malheureusement cette confusion n'est pas possible.

Ce fut l'émigration qui engendra la Terreur, et non pas la Terreur l'émigration.

Ce qui fit la fureur populaire et tous les excès démagogiques, ce fut cette détermination d'une caste, d'une minorité infime qui, blessée dans ses intérêts, froissée dans son amour-propre, partit de France en lui disant :

Attendez, gens mal appris, maroufles, irrévérencieux, hommes de rien ; vous faites les insolents parce que vous êtes momentanément les plus forts ; vous avez le nombre ; mais attendez, nous allons revenir dans peu à la tête des cohortes étrangères, avec des masses de Hulans, de Pandours, de Cosaques, de Riflemans. Nous viendrons vous châtier d'importance et vous corriger de la belle manière, vous apprendrez à vivre, savetiers, manants et rustres.

Ce fut là le point de départ, la cause première ; les faits de violence, les massacres et la proscription ne furent que la conséquence. Au début, *à priori*, il n'était aucunement question de porter atteinte aux personnes et aux propriétés. L'aristocratie eût été respectée dans ses biens et dans sa sécurité, on n'en voulait qu'aux privilèges condamnés par le droit commun ; les réformes demandées se fussent accomplies sans déchirement.

L'émigration changea radicalement cette disposition des esprits et donna au pays le violent accès de fièvre chaude dont les effets furent terribles et dont les détails font frémir.

Et c'était là une conséquence inévitable, logique même, il faut le reconnaître. A ceux qui avaient déclaré la guerre à leur patrie, on appliqua les lois de la guerre : ce droit sévère, inexorable, draconien, qui subsistera toujours tant qu'il y aura des guerres ; cette législation impitoyable du champ de bataille, en vertu de laquelle on fusille sans délai ni merci les traîtres et les déserteurs, les espions et les transfuges.

Oui, ce fut l'émigration qui engendra la Terreur,—la Terreur, ce grand crime national, mais en réponse à cet autre crime, l'émigration.

Remarquable coïncidence. Dans les revues chronologiques on trouve, presque à la même date et à quelques jours d'intervalle, ces deux faits, juillet 1792 :

1° Départ pour l'étranger du comte d'Artois, du prince de Condé et de plusieurs personnes tenant à la Cour ;

2° A la suite et presque à la même date, premiers massacres à Paris, — Delaunay, Berthier, Foulon, — premières têtes coupées.

Le comte d'Artois, le prince de Condé ; deux noms qui ont une signification décisive, car ils veulent dire : émigration, déclaration de guerre à la France, rupture définitive, appel à l'étranger, passage à l'ennemi.

Mais deux noms qui, à un autre point de vue, ont des significations différentes et un sens opposé.

Il faut respecter le second, car il faut rendre hommage à la bravoure du soldat, même dans le camp ennemi.

Mais pour le premier, les mêmes ménagements seraient hors de saison.

Le comte d'Artois traversa toute la période de guerre, où la cause de sa dynastie et la sienne propre par le fait étaient en jeu, sans avoir un seul jour, même dans les plus grandes crises, eu la pensée de mettre l'épée à la main.

Ses exploits belliqueux se réduisirent à ceci :

Avoir assisté du bord d'un navire étranger, comme du haut d'une loge de théâtre, à l'effroyable massacre de la presqu'île de Quiberon. Avoir été témoin sur les lieux mêmes de l'égorgement de ses meilleurs et plus braves partisans, sans penser à leur venir en aide, sans prendre la résolution d'aller mourir avec eux ;

Avoir suivi avec un zèle ardent, a-t-on encore affirmé, les préparatifs de la machine infernale. Avoir presque assisté à la fabrication des mèches incendiaires et de l'engin explosible qui devait écarteler le premier consul et, avec lui, la félicité nouvelle de la France. Avoir fait parti des conciliabules où l'on discutait sur le meilleur parti à tirer de ce haut fait d'armes d'un nouveau genre ;

En dernier lieu enfin, être rentré en 1814 à la tête des premières colonnes ennemies, triomphant, radieux et jubilant au milieu de nos vainqueurs. — Après être sorti le premier, revenir encore le premier ; mais cette fois en triomphateur heureux de nos désastres, la joie dans le cœur et un sourire de béate satisfaction sur les lèvres.

Voilà, en somme, tous les états de service du comte d'Artois ; et on a le droit de le juger avec une froide et sèche impartialité.

Le comte d'Artois était la personnification la plus parfaite, l'incarnation vivante de l'ancien régime, de ce régime d'étourderie, d'inconsistance et de folles dissipations, qui venait d'être définitivement condamné.

Pour les gens de cour, c'était le prince charmant, le prince modèle, le cavalier accompli. Type d'élégance et de distinction, il avait conservé les brillantes traditions de la galanterie ;

et si les anciens errements avaient été maintenus à la cour, le rôle de jeune premier lui appartenait sans conteste, surtout au milieu de ses deux frères qui n'avaient rien de ce qu'il fallait pour cet emploi. Il eût été sans rival.

Pour les gens sérieux qui comprenaient la gravité de la situation nouvelle, c'était tout différent.

Prince inconsidéré, irréfléchi, ignorant, incapable de pensées sérieuses; plein de mépris pour tout ce qui n'était pas futile, de dédain pour tout ce qui n'avait pas un vernis aristocratique, — belle tête, c'est possible, mais de cervelle point, — le comte d'Artois était l'homme fatal que la Providence semblait avoir choisi exprès pour compromettre son parti et perdre sa dynastie.

Il réunissait toutes les conditions pour cette tâche.

Libertin pendant sa jeunesse et plus tard, lorsque la vieillesse était venue mettre le holà, d'une dévotion outrée, il avait donné le spectacle d'une de ces conversions exagérées qui indignent le public, — ce pauvre public qui, n'ayant pas de grosses fautes à se reprocher, ne croit pas avoir de graves pénitences à faire. Ce personnage ne pouvait pas vivre dans le nouveau milieu qu'avaient fait les évènements; il y avait incompatibilité radicale entre lui et son époque ; il était nécessairement le premier à qui la pensée de quitter et de renier la France nouvelle devait venir.

L'émigration était pour lui une nécessité, un devoir, une obligation ; et si l'usage s'était maintenu de qualifier, comme jadis, un règne, un monarque par une épithète, on eût dû dire : Charles-l'Emigration, comme autrefois pour ses prédécesseurs, Louis-le-Hutin, Charles-le-Simple.

Oui, l'émigration fut le grand fait de celui qui fut plus tard le roi Charles X.

Et l'émigration fut la cause première de tous les excès qui dénaturèrent la Révolution et la déshonorèrent, j'en conviens, aux yeux du monde civilisé.

Je le répète, la Terreur fut un grand crime, mais un crime en réponse à cet autre crime, source de tout le mal : l'émigration.

CARLOS.

Arrêtez, Démos, voilà la seconde fois que vous nous dites cette énormité. Restons-en là ; je n'entends plus discuter avec quelqu'un qui a le triste courage de soutenir de pareilles hérésies.

DÉMOS.

Comme il vous plaira; mais je dis et répète encore qu'à cette triste époque il y eut des torts réciproques et que les provocateurs furent aussi coupables que les provoqués.

CARLOS.

Comment! vous oseriez faire une pareille assimilation, comparer une élite à une écume! mettre en parallèle la conduite d'une minorité harcelée, irritée par les humiliations de toute sorte, justement effrayée des menaces de pillage et de proscription, d'un côté; et, d'autre part, l'ignoble attitude des hordes de l'échafaud, les exploits de boucherie des septembriseurs, les ignominies des tribunaux révolutionnaires, ces bourreaux-magistrats dont la rage avait sa source dans cette haine instinctive que les honnêtes gens ont toujours inspirée aux coquins!

Ces éléments impurs existent dans toutes les sociétés; mais alors ils firent explosion sans entraves. Toute cette sale lie s'agita et monta à la surface. La défense de la patrie ne fut que le prétexte; la spoliation, la proscription des meilleurs citoyens furent le véritable but.

Il faut se hâter de le dire pour l'honneur national, ces sanglantes turpitudes furent l'œuvre d'une infime minorité. La France ne fit pas la Terreur, elle la subit.

Pendant son règne éphémère, la France était aux frontières; elle était au feu. Le pays s'était fait soldat et tenait bravement tête à l'Europe coalisée. Il défendait le territoire et sauvait l'honneur national que les scélérats, maîtres à l'intérieur, avaient si fort compromis.

Il ne faut pas confondre deux faits distincts et tout-à-fait dissemblables; d'une part, l'héroïque effort que fit la France pour se dégager de l'étreinte ennemie qui l'enserrait de tous côtés; de l'autre, les débordements démagogiques de l'intérieur.

Deux espèces d'hommes tout-à-fait différentes concoururent à ces deux œuvres; l'une de gloire, l'autre de honte : la noble race des braves soldats et l'ignoble engeance des révolutionnaires.

Il n'y a aucune analogie entre les sympathiques figures des généraux Desaix, Kléber, Hoche et Marceau, d'un côté; et la trogne de Danton, la hure de Marat, le grouin de Hébert, la physionomie plus repoussante encore de la hyène-cuistre ayant nom Robespierre, d'autre part. Il faudrait être dépourvu de sens moral pour confondre les deux camps, les deux drapeaux.

La Terreur n'apporta aucun concours utile,

efficace à la défense de la patrie; elle salit, elle déshonora, voilà tout. A ceux qui soutiendraient le contraire, je m'empresse de donner un vigoureux et formel démenti.

DÉMOS

(Avec emportement).

Un démenti! Monsieur, un démenti! arrêtez, c'est là une locution du bon vieux temps peut-être, mais qui n'a plus cours aujourd'hui, je vous prierai donc humblement de la rétracter sur le champ.

CARLOS

(Dans un accès de violente colère).

Une sommation! une menace! Il n'y a qu'une réponse possible à une telle provocation; je vous etc., etc.

ROSELIN et RATAPOIL

(Intervenant avec empressement).

Permettez, Messieurs, pas de regrettable méprise; il n'y a là qu'un simple malentendu, démenti à un fait, Démos, mais non *ad hominem;* désaccord, contradiction sur un point d'histoire, comme qui dirait tout simplement rectification d'un chiffre, d'une date.

Et vous, Carlos, vous avez trop d'esprit et de bon sens pour faire dégénérer en querelle acrimonieuse une controverse entre amis. Vous, l'inexorable adversaire de la Terreur, vous voudriez faire ici de la terreur! Convenez-en, ce serait ridicule.

Voyons, Messieurs, du calme et quelques instants de réflexion. Vos emportements sont tout simplement un grossier anachronisme.

Nos pères se sont, Dieu merci, assez querellés et battus, au sujet de toutes ces questions qu'ils ont tranchées au prix de leur sang; elles ne sont plus de notre époque et n'ont plus qu'un intérêt historique rétrospectif. Paix à la mémoire de nos ancêtres, et n'allons pas recommencer leurs luttes. Tout cela ne regarde plus notre génération qui a bien assez à faire, elle, avec ses actualités.

Reprenez donc tous deux le fil de vos idées.

Mais, au fait, où en étiez-vous donc de votre dissertation si intéressante, si instructive pour nous?

Veuillez la reprendre et poursuivre, sinon nous allons nous fâcher à notre tour.

Mais où en étiez-vous donc? Ah! nous y sommes, aux grrrrands prrrrincipes de quatrrre-vingt-neuf.

Va donc pour les grrrands principes.

La parole est à Démos; non, à Carlos pour la réplique.

Carlos, nous sommes tout oreilles.

CARLOS

(Après un entr'acte de silence et de digressions faisant hors-d'œuvre).

Arrivés à ce point, la situation est facile à définir. Tout est à terre; il n'y a plus rien debout; la vieille royauté n'a plus qu'une existence nominale, et de même pour toutes les antiques institutions.

Les hommes de la Révolution ont été admirables dans cette première partie de leur œuvre. Leur ardeur a été impitoyable, et leur zèle au-dessus de tout éloge. Rien n'a trouvé grâce, et les débris de l'ancienne organisation politique et sociale jonchent le sol.

Reste la seconde moitié de leur tâche à accomplir. Reste à reconstruire sur les ruines de l'édifice écroulé, et c'est ici que vont apparaître enfin les nouveaux principes, — les grands principes de 89.

Mais, avant tout, il faut bien s'expliquer.

Que doit-on entendre par ce mot principes?

Des lois d'organisation politique et sociale,

n'est-ce pas? Des modes de gouvernement; des règles d'administration; des maximes théoriques et des formules pratiques pour la gestion des intérêts publics ?

Très bien.

Mais ne serait-il pas rationnel d'en faire d'abord l'énumération ?

Combien en comptez-vous de vos fameux principes de 89, Démos ?

Est-ce 36 par exemple, ou seulement une simple douzaine ? Est-ce un chiffre bien plus élevé, 120, 150, ou plus encore ?

On en a fait le relevé, dans le cours de son existence, l'Assemblée constituante rendit 2,500 lois ou décrets.

Il faut se hâter de dire que parmi ces innombrables décisions, quelques-unes seulement avaient pour but de trancher des questions de principes. Faisons une hypothèse, admettons que le nombre de ces dernières puisse être évalué à 100.

Eh bien, pour entrer en matière par un exorde *ex abrupto*, je vous dirai carrément que ce code de cent lois qui devait régler à tout jamais les destinées de la France et mettre à néant tout son passé, effacer jusqu'au souvenir des anciennes législations des Moïse, des Lycurgue, des Solon, que ces lois, dis-je, peuvent se définir et se qualifier ainsi qu'il suit :

1° Monstruosités juridiques ; aberrations fondamentales ; absurdités ne pouvant soutenir l'examen du plus vulgaire bon sens, — comme la constitution politique avec un roi et une chambre unique ; la désorganisation de la magistrature ; l'assiette inique de l'impôt ; l'annihilation de la force publique ; la ruine des colonies françaises, etc., etc., approximativement, ci. 24

2° Hérésies d'un ordre inférieur ; faussetés moins saillantes, mais dont l'impossibilité pratique fut démontrée après quelques années d'épreuve ; institutions condamnées par les gouvernements réguliers qui succédèrent, — comme l'organisation départementale et communale ; la création de la garde nationale ; la dislocation de tous les services publics, ci............................... 38

3° Naïvetés, banalités et niaiseries ; propositions dignes de monsieur de Lapalisse, du sieur Prud'homme ou du citoyen Calino ; hâbleries vides de sens, — comme la proclamation des droits de l'homme et du citoyen ; de la liberté d'aller et de venir ; de la liberté illimitée de la presse. Formules déclamatoires; phraséologie ne pouvant aboutir à aucun résultat pratique; non-valeurs pédantesques dont la place était plutôt dans les gazettes démagogiques que dans la constitution d'un grand pays, ci............ 17

4° Et enfin, en dernier lieu : dispositions sages; décisions justes; règlementations rationnelles; mesures dignes d'approbation, — comme la division de la France en départements d'à peu près même importance; création de justices de paix dans tous les cantons; suppression des traditions surannées de la justice criminelle; égalité de tous devant la prison et l'échafaud, ci.................. 21

Total égal............ 100

En tête de ces aberrations doit figurer avec raison l'organisation politique, l'article premier de la Constitution, attribuant par le fait toute la souveraineté à une Chambre unique.

C'était là, en effet, l'hérésie capitale.

Mettre en présence une Assemblée issue du suffrage universel, subissant aveuglément l'influence des caprices de la multitude, et un monarque héréditaire, chef de la maison de France dépossédée par le fait, représentant légitime d'un régime condamné, et cela, sans pouvoir modérateur, sans rouages intermédiaires pour amortir la violence d'un antagonisme obligé, c'était organiser la lutte entre la toute-puissance de la force populaire et l'ombre d'une royauté dérisoire.

Evidemment celle-là devait tuer celle-ci.

Dans cette déplorable disposition des choses, il y avait en germe la condamnation de l'infortuné Louis XVI, et l'Assemblée constituante est aussi coupable de sa mort que la Convention.

Ce péril avait été signalé par les esprits les plus sages et les plus éclairés, qui avaient surabondamment démontré que l'adjonction d'une seconde Chambre était le complément indispensable d'une organisation régulière. Mais ce fut en vain. Sous la pression des passions du moment, leur voix fut étouffée; ils se trouvèrent réduits à une infime minorité, et le mécanisme gouvernemental fut mis en mouvement dans ces déplorables conditions.

On saitl e reste, et aujourd'hui il n'y a plus à entrer sur ce point dans des raisonnements de théorie. Il y a chose jugée, et l'épreuve des générations ultérieures est là pour répondre.

Dans les combinaisons qui suivirent, apparurent concurremment : le conseil des Cinq-Cents et le conseil des Anciens, le Corps législatif et le Sénat, la chambre des Députés et la chambre des Pairs.

La vérité s'était fait jour après une première épreuve. Elle est aujourd'hui admise sans conteste par tous les gens sérieux, et pour y trouver de l'opposition il faudrait descendre dans les derniers bas-fonds de la plus abjecte démagogie.

Ab uno disce omnes. Cette première faute fut suivie de fautes tout aussi graves, quoique sur des points relativement secondaires.

Pour suivre l'ordre des préséances, voulez-vous voir ce que les nouveaux législateurs firent de l'organisation judiciaire du pays ?

Nécessairement l'ancienne organisation de la magistrature fut *à priori* et avant tout bouleversée de fond en comble. L'Assemblée constituante en cela ne fit qu'obéir à cette fureur de démolition qui dirigea tous ses actes. Renverser d'abord, se préoccuper ultérieurement et accessoirement de remplacer les institutions proscrites par de nouvelles institutions, telle fut sa règle constante.

Et l'ancienne organisation judiciaire était-elle si défectueuse ? Si mes souvenirs d'école sont fidèles, voici ses bases.

Sur tous les principaux points du territoire, partout où se trouvait une agglomération suffisante de population, une juridiction de premier degré, véritable tribunal de première instance, connu sous les dénominations de bailliage, sénéchaussée, présidial, jugeant au civil et au criminel ;

A l'étage supérieur de la hiérarchie, les Parlements, cours d'appel;

Enfin, au sommet, une sorte de cour de cassation embrassant tout le royaume.

Et n'était-ce pas là, à quelques détails près, l'organisation normale, logique à laquelle il a fallu revenir après une longue série d'épreuves malencontreuses ?

Le vieil édifice judiciaire d'avant 89 fut dès l'abord et préalablement mis en pièces.

Les parlements, juges d'appel, hautes cours de justice, qui avaient joui dans le passé d'une si brillante notoriété, qu'avaient illustrés tant de magistrats éminents dont les noms sont restés historiques, ne pouvaient trouver grâce devant la haine jalouse des hommes nouveaux, devant cette foule de robins de bas étage arrivés au pouvoir.

Ces gens-là avaient trop souffert dans le passé de leur humiliante infériorité, de leur soumission obligée; peut-être encore des exigences disciplinaires, des justes sévérités d'une magistrature intègre qui avait pour mission de défendre les justiciables contre une rapacité proverbiale.

Les parlements étaient condamnés à l'avance par l'éclat de leur renom, par les éminentes illustrations qu'ils avaient comptées dans leur sein. D'emblée et d'acclamation ils furent sacrifiés.

Et comment, demanderez-vous, put-on les remplacer comme juges d'appel ?

Oh! c'est bien simple, on ne les remplaça pas du tout.

Un degré de juridiction fut supprimé du coup, et ce fut là une des plus grosses hérésies juridiques de l'époque.

Le justiciable mécontent d'une première décision rendue par son tribunal était réduit à s'adresser à l'un des tribunaux du voisinage, souvent d'une importance inférieure. Il était procédé, à cet effet, à une espèce de tirage au sort, pouvant rappeler quelque peu la jurisprudence du juge Bridoye qui, d'après Rabelais, décidait par le sort des dés les procès qui lui étaient soumis.

Et c'est là une des plus étranges énormités du temps. Vous figurez-vous le tribunal de Carpentras érigé en haute cour de justice, par rapport au tribunal de Pézenas, et réciproquement?

Mais de toutes ces tristes innovations, la plus absurde, la plus grosse de périls était celle qui remettait le choix des juges à l'élection des justiciables; théorie qui, sous l'influence des idées ayant cours alors, avait été poussée jusqu'aux dernières limites. Ainsi c'était la France entière qui devait être appelée à choisir les magistrats du tribunal de cassation. Vous figurez-vous aujourd'hui des élections générales, le peuple entier réuni dans ses comices pour dresser la liste des cinquante ou soixante conseillers qui composent la cour de cassation? Le bon sens public a fait des progrès depuis, et une pareille idée serait aujourd'hui accueillie par d'unanimes sifflets.

La nomination du juge par le justiciable, c'est-à-dire le juge sous la dépendance et à la merci du justiciable! Est-il possible d'imaginer une idée plus fausse dans les temps ordinaires, plus périlleuse dans les temps de divisions et de discordes?

Voyez d'ici les partis politiques intervenant nécessairement dans les élections de ce genre; une magistrature monarchique entrant en compétition et en lutte avec une magistrature démocratique; victorieuse ici, battue plus loin; triomphante aujourd'hui, blakboulée demain, suivant les variables caprices du scrutin.

La magistrature est la gardienne de la loi. Elle doit être inamovible comme la loi; elle doit rester dans ces sphères élevées que les querelles des partis ne peuvent atteindre; elle doit dominer ces querelles et ne pas y prendre part. D'autant plus qu'à notre époque, il est des partis dont le programme est la négation même de la loi.

N'avons-nous pas vu critiquer et contester les principes les plus respectés, les plus sacrés? Le droit de propriété, par exemple.

Supposez, dans quelques régions du pays — et il y en aurait certainement, — des juges élus avec le mandat impératif d'adjuger à Pierre les biens de Paul, à Jacques la bourse de Philippe; de frapper d'incapacité et d'interdiction toute une catégorie de citoyens; de répondre aux demandes les plus légitimes par un déni de justice systématique! Et cela arriverait partout où les frères et amis pourraient s'asseoir sur les chaises curules.

En définitive, l'édifice judiciaire élevé par les prétendus juristes de la Constituante fut une œuvre ridicule et absurde.

Exceptons-en toutefois les justices de paix qui furent sans contredit leur création la plus utile;

et encore compliquèrent-ils cette nouvelle institution d'accessoires, de détails qui eussent rendu l'application impossible. Il a fallu, plus tard, balayer cela comme tout le reste. En somme, il a fallu en revenir aux anciennes traditions, il a fallu tout refaire pièce par pièce et en entier.

RATAPOIL.

Le génie du premier Consul et la sagesse des constitutions impériales étaient nécessaires pour mettre au net tout ce grotesque imbroglio.

CARLOS.

Le gouvernement réparateur de la Restauration peut aussi revendiquer une large part dans le parachèvement de l'œuvre.

ROSOLIN.

Puisque vous y êtes, n'oubliez pas, c'est de toute équité, la dynastie de Juillet qui, la première, posa résolûment et d'une manière absolue le principe sacré de l'inamovibilité de la magistrature, digne couronnement de l'édifice.

CARLOS.

En matière d'impôts, les aberrations de l'Assemblée constituante furent tout aussi graves et encore plus funestes.

L'impôt!

S'il est une question qui touche directement aux intérêts les plus sérieux, aux intérêts vitaux de la population, c'est bien sans contredit celle-là. C'est là le principal point de contact entre le peuple et le pouvoir. La carte à payer, c'est là la grande preuve qui fait juger les gouvernements et qui inspire soit la confiance, soit au contraire la désaffection.

Dis-moi ce que tu demandes, je te dirai ce que tu vaux; ainsi peuvent se résumer aujourd'hui les sentiments de la multitude pour ses souverains.

Sur ce point capital et décisif, la Constituante ne laissa pas une faute à commettre.

Une fausse doctrine avait été mise en circulation vers la fin du XVIIIe siècle, par un groupe de rhéteurs, de ces prétendus philosophes que le grand Frédéric avait en vue, lorsqu'il disait : « Si j'avais une province à punir, je la ferais gouverner par des philosophes. »

D'après cette doctrine, c'était le revenu territorial, la propriété foncière, — la France agricole qui devait supporter seule toute la charge des contributions. Les impôts indirects n'étaient, au dire de ces économistes pour rire, qu'un mensonge dérisoire.

Malgré les protestations énergiques d'hommes pratiques et clairvoyants, autorités compétentes par-dessus toutes, l'Assemblée nationale adopta aveuglément cette désastreuse théorie avec cette ardeur fébrile qui la prenait toutes les fois qu'il s'agissait de démolir et de détruire.

Elle abolit sans délai ni merci, d'urgence et d'acclamation, tous les impôts indirects, les droits de consommation; les droits sur les boissons, sur les sels, sur les tabacs; les droits d'octroi, etc., etc., etc. Rien ne put modérer la frénésie de ces cuistres, et c'est avec un empressement passionné qu'ils sacrifièrent les principales ressources du budget et l'avenir financier du pays.

Presque toutes les charges furent mises sur le dos de la grande industrie, qui a pour but l'alimentation publique; sur la bête de somme habituelle : l'agriculture. Et de toutes les contributions productives, il ne resta debout qu'un seul impôt, l'impôt séculaire et traditionnel : l'impôt du pain.

Non, on ne saurait imaginer une combinaison plus désastreuse; on ne pouvait sacrifier d'une manière plus déplorable les intérêts les plus respectables des populations, les meilleures sources du revenu public ; c'était la ruine et la banqueroute à courte échéance. Et cela au moment où les graves difficultés qui apparaissaient à l'horizon allaient inévitablement imposer des charges nouvelles et nécessiter d'énormes sacrifices.

Si ce n'était pas de la démence, c'était de la trahison, et le moment ne pouvait être mieux choisi pour compromettre la cause de la France dans la terrible lutte qui allait s'engager.

Si nous comparons cette époque à la nôtre, quel enseignement !

Aujourd'hui, la France supporte un budget qui en réalité dépasse trois milliards. Les contributions directes, les seules que l'Assemblée constituante voulut épargner, n'entrent dans cet énorme total que pour quatre cents millions, si je ne me trompe. Le déficit serait donc des trois quarts ou des deux tiers au moins, si la doctrine fiscale de l'Assemblée constituante eût survécu.

Heureusement, les premiers gouvernements sérieux, raisonnables qui arrivèrent après, firent bonne et prompte justice de toutes ces hallucinations de visionnaires. Les finances purent être remises à flot, à l'aide toutefois d'une bonne petite banqueroute qui fut le legs de ces personnages prétentieux et ineptes dont on a voulu faire des demi-dieux.

Il a fallu la sagesse et l'économie de plusieurs générations, il a fallu une succession providentielle de gouvernements forts, honnêtes et habiles pour remédier au mal dans la mesure du possible, pour effacer les traces de l'incapacité présomptueuse de pédants infatués.

Et ici, citoyens et messieurs, je fais appel à votre bonne foi, en tête on doit mettre le gouvernement de la Restauration. C'est là une place d'honneur qui lui appartient sans conteste, et aucune gestion financière ne fut comparable à la sienne.

Il est tombé, ce malheureux gouvernement, comme du reste tombent en France tous les gouvernements depuis bientôt un siècle, et après une durée moyenne de vingt ans au maximum! Il est tombé! Mais en tombant il a laissé un monument impérissable qui mérite l'admiration des économistes.

Je veux parler de ce fameux budget de 1830, du budget d'un milliard, dont l'apparition souleva de grands cris, et qui aujourd'hui, après cinquante ans, est plus que triplé.

La France, il faut le croire, avait d'autres bonnes raisons pour renvoyer ce gouvernement.

On avait su, j'en conviens, organiser contre

lui un grand courant d'opinion, une de ces trombes qui emportent tout sur leur passage.

Mais aujourd'hui, après un demi-siècle, il est une hypothèse que je me permettrai de faire.

Supposez que l'on réunisse le peuple dans ses comices, et qu'après un exposé net, lucide et véridique, on lui soumette cette question :

Voulez-vous effacer ce passé de cinquante ans et en revenir au budget d'un milliard ?

Quel serait le résultat de ce nouveau plébiscite ?

DÉMOS, ROSOLIN et RATAPOIL

(Protestant avec ensemble).

Mais vous supposez donc la France capable de vendre ses croyances politiques pour une somme d'argent ? Mais vous feriez alors du choix d'un gouvernement une adjudication au rabais ? Mais vous mettriez ainsi hors de cause tout ce qui est patriotisme, honneur national, sympathies et prédilections, etc., etc., etc. ?

CARLOS

(Reprenant).

Ce sont là de bien grands mots ; mais je voudrais bien que l'épreuve fût possible et se fît.

Mais enfin c'est là une pure supposition.

Passons.

Et revenons encore aux principes, aux faits notables, mémorables de la grrrande Assemblée constituante.

Dans le nombre, il faut en convenir, on trouve quelques idées justes et quelques inspirations heureuses; par exemple, la division du territoire en départements d'égale importance.

Mais comme correctif, il faut se hâter d'ajouter qu'au centre de chacun de ces départements fut installée, au lieu et place des anciens intendants, administrateurs éclairés, expérimentés, entourés d'hommes d'aptitude spéciale et pratique, — fut installée, dis-je, une sorte d'assemblée délibérante, issue de l'élection, c'est-à-dire composée de hâbleurs du crû, de discoureurs de clubs, sans délégation du pouvoir central et n'ayant, par conséquent, aucune règle d'administration à suivre, aucun contrôle sérieux à subir.

Ce fut là, comme partout du reste, le règne de l'incapacité loquace et de la phraséologie vide.

Si ce règne eût été maintenu, rien d'utile et de productif n'eût pu se faire. Le pays n'eût pas été doté d'une seule création profitable; il serait encore dépourvu entièrement de voies de communication, de mairies, de maisons d'école, de toutes les institutions d'utilité communale et départementale. Aucune œuvre d'intérêt public n'eût pu être menée à bonne fin. Rien de bon n'eût pu sortir de cette administration parlée, exclusivement préoccupée des agitations locales et des nouvelles diverses du jour.

Tous les hommes capables pouvant rendre de sérieux services avaient été systématiquement exclus ou réduits à des rôles subalternes.

Cette organisation vicieuse devait inévitablement engendrer les abus les plus graves ; elle était une excitation permanente au gaspillage et à la prévarication ; elle devait être fatalement condamnée après une épreuve de quelques années.

Encore d'autres étables d'Augias à nettoyer, et la main de fer qui se chargea de ce soin eut là une rude tâche. Que d'immondices et de détritus amoncelés dans le cours de cette période qui va de Mirabeau à Barras !

DÉMOS.

Je proteste, Carlos. Cette période que vous diffamez eut ses cotés faibles, j'en conviens, à raison surtout d'une précipitation obligée, à raison de la nécessité où l'on se trouva de bâtir sous le feu de l'ennemi ; mais, en somme, elle est encore préférable à votre ancien régime, avec son cortège de courtisanes, d'entremetteuses, de traitants et de maltôtiers, de voleurs, oui de voleurs, car c'était une véritable bande de voleurs que cette horde de coquins titrés, de mendiants de qualité qui vivaient de la déprédation de la fortune publique.

CARLOS.

Je n'ai pas à défendre tout ce monde-là. Mais je vous poserai cette simple question :

Les pourris du Directoire valaient-ils mieux que les roués de la Régence et de Louis XV ?

Ce point me paraît litigieux. Mais, encore une fois, nous nous écartons de la question, de la question des grands principes. Il faut y revenir.

Nous avons parcouru toute une série d'aberrations déplorables, nous n'avons pas encore fini. Il y a mieux encore.

Comme exemple bien saillant, il faut rappeler la question connue sous le nom de *Constitution civile du clergé.*

En abordant cet autre sujet, on se demande quel vertige avait pu s'emparer de cette réunion d'ergoteurs, de Vadius, de docteurs Pancrace, qu'on a voulu élever à la hauteur d'un aréopage célèbre, d'un sénat illustre ! Comment furent-ils amenés à une semblable détermination, qui fut d'abord et avant tout un acte de scandaleuse ingratitude !

C'est, en effet, le clergé qui avait été le principal auteur de la Révolution, le fondateur de l'Assemblée constituante. Ce furent les cent cinquante curés qui, en se réunissant aux députés du Tiers, constituèrent une majorité et donnèrent à la réunion une existence légale; ce qui prouve que l'ordre était presque en entier gagné aux idées nouvelles.

Et en effet, le clergé depuis seconda de ses votes toutes les motions de progrès. Il s'était empressé de faire spontanément le sacrifice de ses droits, dîmes, redevances, casuels. On lui avait demandé, en outre, le sacrifice de ses biens, de ses immenses propriétés; il y avait encore consenti avec une abnégation patriotique.

Mais enfin on voulut exiger de lui le sacrifice de sa foi religieuse, de sa dignité professionnelle. Alors, seulement alors, il protesta avec une noble énergie. L'ordre tout entier, à l'exception d'une minorité honnie et réprouvée, se souleva.

En présence du drapeau de la Révolution, on arbora le drapeau de l'Evangile; la croix, symbole de l'antique foi chrétienne.

Les soldats et les martyrs vinrent se ranger

en foule sous ces nobles enseignes, et la guerre fut déclarée; guerre terrible, inexorable, qui divisa la France en deux camps ennemis et fit couler des torrents de sang.

On se demande, je le répète, quels motifs purent déterminer les auteurs de cette rupture, et comment ils purent entraîner l'Assemblée constituante.

Il n'y a qu'une explication admissible.

Cette Assemblée se composait en grande majorité de partisans des fausses doctrines qu'on appelait et qu'on appelle encore la philosophie du XVIIIe siècle; ramassis d'obscénités et d'impiétés; œuvre incohérente de méchants pamphlétaires et de folliculaires sans profondeur; cahos impur et fétide où l'on ne trouve que des négations et des blasphèmes et pas une seule affirmation sérieuse et respectable.

Ce fut là la source où l'on puisa. Là se trouvaient en germe les idées qui firent explosion, les fameux principes de 89.

Ce qui explique tant de ruines et de débris d'un côté; et de l'autre, aucune réédification solide et durable.

Il est un fait qu'il faut reconnaître et devant lequel il faut s'incliner : le grand tort, le grand malheur de la Révolution française, c'est d'avoir été irréligieuse.

Lorsque l'Angleterre fit sa révolution, elle tenait l'épée d'une main, l'Evangile de l'autre. Son œuvre a duré des siècles et dure encore.

Les révolutionnaires français, au contraire, ont cherché leurs inspirations dans les sarcasmes et les profanations de Voltaire, dans les déclamations nauséabondes de Rousseau, dans les productions de ces soi-disant philosophes que personne ne lit plus aujourd'hui et qui, au bout de quelques années, sont devenus un article de rebut, comme on dit dans le commerce.

Voilà près d'un siècle qu'ils ont entrepris de bâtir et on se demande encore si leur édifice pourra tenir debout.

DÉMOS.

Vous êtes sévère, Carlos. Mais avez-vous réfléchi que vos sévérités vont surtout à l'adresse des vôtres?

N'est-ce pas, en effet, l'aristocratie du bon vieux temps qui encouragea ce débordement d'écrits licencieux et d'utopies?

Cette profanation, qui a duré près d'un siècle, aurait-elle pu se produire au grand jour, sans ce haut et puissant patronage?

Et votre parti n'est-il pas complice et responsable?

CARLOS.

Je l'avoue, je me sens très vulnérable sur ce point. Il y a là amende honorable ét confession à faire, et de votre côté l'occasion s'en présenterait bien souvent si vous imitiez ma franchise.

Mais enfin, passons et poursuivons.

La déclaration de guerre que l'Assemblée constituante fit à la religion fut, je le répète, sa plus grande faute ; elle aliéna à la cause de la Révolution la moitié de la population ; elle froissa les sentiments les plus sacrés, les plus profondément enracinés ; elle engendra la guerre civile, qui vint ajouter ses difficultés et ses horreurs à la guerre étrangère ; elle compléta dignement la série interminable de ses désastreuses extravagances.

On n'en finirait pas si on voulait les énumérer toutes. Une entr'autres cependant mérite une mention spéciale.

Un jour, il lui passe par l'esprit de faire sauter nos colonies, de même qu'on met le feu à une mine, de même qu'on fait partir un feu d'artifice. Et toutes nos possessions d'outre-mer sont follement sacrifiées, pour rendre hommage à une période sonore, à une formule déclamatoire :

« Périssent nos colonies plutôt qu'un principe ! »

Encore un des grands principes de 89, et des plus désastreux; car son application entraîna d'abord la ruine de tous nos établissements et le massacre de la population blanche; puis, plus tard, — répression obligée, — l'extermination de la population nègre; autre problème qui entraîna la perte d'une armée française détruite en entier, soit par le feu de l'ennemi, soit par le climat délétère des Antilles.

Hélas! dans notre siècle de fer, on en a tant sacrifié d'armées françaises dans de semblables conditions!

C'étaient des décisions bien plus inoffensives cette multitude de lois et décrets qui n'avaient d'autre but que la proclamation d'un point de doctrine, d'une maxime théorique : reconnaissance des droits de l'homme et du citoyen; liberté illimitée de la presse, déclarée solennellement droit inaliénable, etc., etc., et autres propositions vides de sens pratique qui n'étaient au fond que des banalités de La Palisse, lorsqu'elles n'étaient pas des hérésies de Trissotin.

Son dernier acte, un des plus importants, celui qu'on pourrait appeler son testament, fut le décret par lequel elle décida qu'aucun de ses membres ne pourrait faire partie de l'Assemblée qui devait lui succéder.

Et cette décision, sous l'apparence d'une patriotique abnégation, fut encore une grosse faute. Elle était la condamnation implicite de l'œuvre nouvelle, de la constitution fraîchement éclose. Elle était la négation inintelligente de cet esprit de suite qui doit toujours présider aux destinées d'une nation. Laisser exclusivement à des hommes nouveaux la tâche de faire une première application de la politique adoptée en principe, c'était enlever à cette politique ses défenseurs naturels ; c'était provoquer l'esprit de contradiction, les malveillantes jalousies, les froissements d'amour-propre, les tendances vers des innovations nouvelles.

C'est là, je crois, un fait exceptionnel et unique dans les annales des parlements. Quelques années après on avait unanimement reconnu la fausseté de cette règle, les constitutions suivantes ayant, au contraire, adopté en principe le renouvellement des législatures par fractions seulement, — par tiers, si je ne me trompe.

Somme toute, la fameuse Assemblée constituante ne perdit pas son temps et brassa bien de la besogne.

Il résulte des statistiques qui ont été faites, que, dans sa rage de légiférer quand même, elle rendit pendant le cours de son existence, c'est-à-dire dans un laps de deux ans, environ deux mille cinq cents lois ou décrets.

De toutes ces décisions souveraines et qui avaient la prétention d'être éternelles, combien en reste-t-il aujourd'hui? Si l'on disait cent, on serait certainement coupable d'exagération.

Il a fallu depuis reprendre toute l'œuvre da-capo, tout reviser et tout refaire.

Les générations suivantes ont jugé, et jugé en dernier ressort. L'arrêt qui prononça a été pris à la presque unanimité.

L'histoire a été certainement trop bienveillante pour ces hommes autour desquels rayonne encore un certain prestige. On les a grandis outre mesure; on les a élevés sur le pavois; on les a assimilés aux sages de la Grèce, à l'aréopage d'Athènes, au sénat de Rome, et il reste encore beaucoup de vestiges de ces exagérations.

En définitive ils avaient une grande et noble tâche à accomplir. Pour la plus grande part, ils ont failli à cette tâche.

Hommes éminents, génies supérieurs, lorsqu'il fut question seulement de renverser et de détruire, — ils furent incapables et ineptes lorsque le problème fut de réédifier. Ils abolirent abus et privilèges, d'accord, et encore l'aristocratie leur enleva-t-elle la plus grande partie de cet honneur en en faisant volontairement et spontanément l'abandon ; ils démolirent tout et ne surent rien rebâtir à la place.

Sortant du programme qui leur avait été tracé, violant le mandat qu'ils avaient reçu, ils ébranlèrent avec une coupable étourderie toutes les bases de l'édifice politique et social. Ils abolirent par le fait l'antique monarchie française ; ils portèrent le désordre dans toutes les branches de l'administration, dans la justice qu'ils désorganisèrent, dans les finances qu'ils devaient rétablir et dont ils compromirent, au contraire, l'avenir.

Enfin, après avoir bouleversé tous les services publics, ils s'en prirent à la religion.

Obéissant aveuglément à leur entêtement préconçu, à leurs instincts d'impiété et de profanation, ils engagèrent une lutte aussi impolitique qu'inopportune. En blessant l'antique foi du pays, ils portèrent l'anarchie au comble et ajoutèrent une guerre de religion à la guerre civile ordinaire.

Leur conduite fut une longue série de fautes graves.

Cervelles étroites, esprits sans ampleur et dénués de sens pratique, n'ayant de culte que pour l'emphase de la forme et la phraséologie ; infatués et outrecuidants, ils posèrent avec témérité tous les problèmes et ne purent leur donner aucune solution juste.

Caractères jaloux et envieux, ayant une aversion instinctive pour toutes les supériorités honorables et toutes les choses respectables et saintes ; lâches au fond, ils n'eurent de respect que pour ceux qui surent leur faire peur ; ils ne reconnurent d'autres maîtres que la canaille de Paris qui leur dicta leurs plus importantes décisions.

Je dis canaille avec intention et préméditation, car on ne doit pas donner le nom de peuple à cette populace dégradée et avilie, stupide et féroce qui célébra l'avènement de la liberté en portant des têtes coupées au bout de piques saignantes.

Oui, ce fut en définitive un triste rôle que celui de l'Assemblée constituante.

Il faut tenir compte, dira-t-on, des difficultés imprévues qu'elle rencontra dès le début. Les esprits n'étaient pas préparés à ces violentes commotions. Il y eut surprise, effarement. Les agitations de la place publique durent réagir sur ses délibérations.

D'accord.

Mais on peut répondre à ces objections que lors même qu'elle eût délibéré dans le calme le plus parfait, à l'abri de tous les troubles du dehors, elle était arrivée avec un tel bagage d'idées fausses que son œuvre n'eût été guère meilleure.

Etant donnés l'esprit qui l'animait, ses illusions et sa déplorable éducation politique, il était facile de prévoir *à priori* toutes ses fautes.

Les bons conseils ne lui manquèrent cependant pas, car elle comptait dans son sein des hommes remarquables par la sagesse de leurs idées, des hommes qui plus tard firent leurs preuves dans les fonctions les plus élevées et les tâches les plus difficiles; des hommes qui organisèrent l'administration sous les gouvernements ultérieurs, qui furent les rédacteurs de nos grandes lois, les créateurs du droit public moderne, depuis nos premières constitutions jusqu'à la Charte de 1814, — impérissable monument.

Mais tous ces personnages de haute valeur n'étaient qu'une minorité; leur voix ne fut pas écoutée. La parole était et appartenait exclusivement à la loquacité ampoulée et aux déclamations vides de sens.

RATAPOIL.

Oh! vous avez bien raison, Carlos, c'était la tourbe des idéologues, des avocats, des procéduriers et des rhéteurs, des robins et des folliculaires, des histrions de la parole, qui était maîtresse du terrain; elle devait étouffer sous ses croassements, sous ses clameurs discordantes, toutes les voix raisonnables.

Engeance néfaste et qu'il fallait expulser au plus vite.

Et sur ce, laissez-moi ajouter quelques mots.

Je demande la parole.... et je la prends.

La Révolution de 89, que vous exaltez par trop, Démos, et que vous dénigrez outre mesure, Carlos, eût été, j'en conviens, une pitoyable et honteuse comédie, si un fait immense et éclatant — la victoire — n'était venue la sauver du ridicule et de l'ignominie.

Elle fut attaquée de toutes parts par toutes les grandes puissances coalisées; elle repoussa ces terribles agressions avec un énergique courage et fut victorieuse.

Non seulement son honneur fut sauvé, mais sa gloire brilla d'un grand éclat. Sans cela, je le répète, sans le concours providentiel du succès de ses armes, elle n'eût été qu'une triste bouffonnerie, un intermède grotesque, une échauffourée comique; — elle eût joué le rôle de ces esclaves que les Spartiates faisaient publiquement soûler pour dégoûter leurs enfants de l'ivrognerie.

Voyez! auraient dit tous les souverains à

leurs sujets, ce peuple outrecuidant et insensé qui a la sotte prétention de donner des lois au monde et d'enseigner à tous les gouvernements la manière de gouverner; voyez-le gérer ses affaires propres; voyez l'usage qu'il fait de sa liberté nouvelle !

A peine maître du pouvoir, il s'est divisé en partis hostiles, en camps ennemis qui passent leur temps à s'entre-déchirer et à se proscrire.

Il renverse le lendemain ce qu'il a édifié la veille.

Toutes ces prétendues institutions qui devaient régénérer le monde civilisé ne sont que des formules creuses, des phrases de pédant que l'on rejette après l'épreuve d'une journée.

Et voyez surtout les personnes, — artisans bien dignes de l'œuvre !

Quelle triste collection de types dégradés et ridicules ! On ne trouve de nobles figures que sur le chemin qui conduit à l'échafaud.

Tenez, voici Bailly, l'ancien maire de la capitale, il y a quelques semaines objet de la vénération publique. Alors c'était un citoyen vertueux et éminent, un sage de la Grèce. Aujourd'hui on le traîne au supplice comme un parricide, avec tous les raffinements de la cruauté.

Vient après, sur la même route, la longue file des magistrats les plus distingués, des savants illustres, des généraux qui hier encore conduisaient leurs troupes à la victoire.

Il n'y a de grâce pour personne. Bien plus, toute distinction honorable est un motif de proscription ; toute illustration, tout mérite éminent devient par le fait un arrêt de mort. Le sexe lui-même n'est pas épargné? Voyez passer sur les charrettes fatales les femmes les plus distinguées, les plus respectables, depuis les princesses de sang royal jusqu'à cette héroïne illustre, Charlotte Corday, la plus belle physionomie peut-être de cette odieuse époque !

Mais celle-ci, il faut le dire, ne l'avait pas volé : elle avait choisi dans la tourbe des truands révolutionnaires le plus féroce, le plus hideux, et l'avait impitoyablement poignardé, comme on égorge un pourceau.

Et dans l'ignoble cohue qui fait cortège à toutes ces infamies ; dans cette foule d'immondes mégères, de bandits souillés, d'ivrognes abjects et de coquins obscènes, — remarquez avec soin, découvrez-vous une tête qui ne soit pas hideuse, une figure humaine? Vit-on jamais apparaître sur une terre de chrétienté une pareille collection de faces sinistres et repoussantes?

Les sauvages, les singes eux-mêmes sont moins laids !

Eh bien ! auraient ajouté les chefs d'Etat

parlant à leurs peuples, ce sont ces gens-là qui veulent vous apprendre à vivre et se donnent à vous comme des modèles à imiter.

Voyez et jugez.

Oui, je l'ai dit et je le répète, Messieurs, la victoire vint à propos pour jeter un voile sur toutes ces turpitudes, pour réhabiliter la France aux yeux du monde.

L'éclat de la gloire effaça le passé.

Sans cette gloire, nous n'aurions été, aux yeux de l'Europe, qu'un peuple d'étourdis, de visionnaires et, disons le mot, de galopins et de polissons. Toutes les hautes conceptions de nos réformateurs eussent été traitées partout de folles rêveries ; les fameux principes de 89, d'extravagances bouffonnes. Le tout se fût terminé par un immense éclat de rire à nos dépens.

Nos succès militaires changèrent tout cela. A mesure que leur cercle s'agrandit, l'opinion de l'Europe, à l'endroit de nos institutions intérieures, se modifia. Chaque nouvelle victoire venait améliorer les premières appréciations.

Nos armées s'avançaient. On voulait bien enfin reconnaître qu'il y avait quelque chose de sérieux et de fondé dans les principes que la Révolution avait proclamés. Nous triomphions. Le respect de l'ennemi pour nous augmentait en raison de ses défaites.

Chose triste à dire, la force prime toujours le droit; du moins on ne comprend bien le droit que lorsqu'il est entouré des attributs de la force.

A mesure que nous devenions plus redoutables, nous paraissions plus raisonnables. Singulier spectacle, dira-t-on, que la persuasion inculquée à coups de plat de sabre, et le prosélytisme effectué à coups de canon! Mais enfin, ainsi va la nature humaine.

Lorsque dans un sublime effort la France se fut dégagée de la terrible étreinte de l'Europe entière, lorsqu'elle eut brisé le cercle de fer et de feu dont on l'avait entourée de toutes parts, lorsqu'elle eut atteint d'un bond tout le domaine de ses frontières naturelles, — le Rhin en haut, les Alpes en bas, — les esprits revinrent à nous. Les choses apparurent sous un jour nouveau. Notre Révolution, considérée jusque-là comme une escapade d'écoliers, une échauffourée, une orgie, devint aux yeux de l'opinion générale un fait grave, digne d'une sérieuse attention, qu'on avait eu le tort de méconnaître dès l'abord; et cette transformation des idées se fit très consciencieusement et de très bonne foi.

Et lorsqu'enfin plus tard arrivèrent les succès décisifs; lorsque la France, sortant enfin de son énergique défensive, put prendre une vigoureuse offensive et porter la guerre sur le sol ennemi, oh! ce fut bien plus fort. Elle grandit du coup de cent coudées dans l'estime et le respect du monde.

Ce fut un moment solennel. Et l'émotion fut immense lorsqu'éclata cette grande nouvelle.

Le général Bonaparte, vainqueur sur tous les points dans la haute Italie, après avoir culbuté et détruit toutes les armées de l'Autriche, les seules qui eussent pu tenir campagne jusque-là, le général Bonaparte marche sur Vienne, — Vienne, le plus grand centre des menées aristocratiques, Vienne, la capitale de la contre-révolution.

Le général Bonaparte courait, en effet, à marches forcées sur Vienne, comme le lion sur une proie qui ne saurait lui échapper. Et pour l'arrêter dans sa course triomphante et irrésistible, il fallut d'urgence et à tout prix consentir un traité qui était par le fait une capitulation, un acte de soumission formelle.

La contre-révolution faisait enfin amende honorable; elle rendait foi et hommage à sa nouvelle suzeraine, la Révolution.

Ce fut là la reconnaissance authentique, le baptême solennel et comme le sacre de notre république.

Le général Bonaparte, dont le nom était inconnu quelques mois avant et qui devait être quelques années après l'empereur Napoléon, était comme l'envoyé de la Providence. Personnification la plus parfaite du génie militaire, il était le premier et le plus grand parmi tous ces capitaines distingués et vaillants que l'agression étrangère avait fait sortir du sol comme une brillante production spontanée, — glorieuse pléiade de généraux éminents, qui élevèrent si haut l'honneur de notre drapeau.

Et au centre, au faîte, comme l'astre principal au milieu de constellations secondaires, le grand empereur ! celui qui devait dépasser, et de si haut, non seulement toutes les illustrations contemporaines, mais encore toutes les gloires des siècles passés : la gloire d'Alexandre-le-Grand, qui en définitive ne combattit que des sauvages, des esclaves ou des asiatiques efféminés ; la gloire d'Annibal, le vaincu du général Scipion ; la gloire du grand César, qui ne trouva sur son passage qu'un seul rival digne de lui. Tandis que Napoléon, l'homme de la France, eut à soutenir des luttes acharnées et sans cesse renaissantes contre toutes les grandes puissances de son siècle.

Il les vainquit et les dompta.

Et ses exploits de guerre ne sont pas ses seuls titres à l'immortalité. Génie surhumain et universel, il sut encore et concurremment organiser un grand empire, dominer son siècle, atteindre et dépasser même dans son œuvre de paix le renom de l'empereur Auguste.

Mais hélas! les évènements l'élevèrent à une hauteur telle que le vertige s'empara de lui. Il avait successivement couru sus à toutes les nations et les avait terrassées. Dans sa témérité, il engagea en dernier lieu une lutte avec le Ciel, avec les éléments. Nouveau Prométhée, il devait succomber et succomba sous l'excès de sa force.

Un soulèvement général, un ébranlement universel comme un grand tremblement de terre, vinrent mettre un terme au débordement de son ambition.

Il fut précipité, et le gigantesque édifice de sa puissance s'écroula avec lui.

Il fut précipité, mais sa mémoire restera légendaire; elle vit encore et vivra éternellement dans le souvenir des populations émerveillées. Ses hauts faits d'armes ont conservé la mystérieuse grandeur des exploits des temps fabuleux, des héros des siècles préhistoriques.

La sagesse de son gouvernement, l'infaillibilité et l'universelle aptitude de son administration rappellent la radieuse majesté des monarques les plus vénérés, des législateurs les plus célèbres.

Je ne pense pas qu'il y ait dans notre histoire une époque plus souriante, une ère fortunée comme le Consulat, — cette lune de miel de la France avec le noble vainqueur qui avait fait sa gloire et sa félicité.

Toutes les tempêtes s'étaient apaisées; toutes les oppositions s'étaient tues, et jamais on ne vit une telle unanimité d'adhésions sympathiques.

Les belles années de l'Empire vinrent encore consolider ces sentiments.

Que faisaient alors les vôtres, Carlos? A quel parti s'étaient arrêtés les plus hostiles? Ils s'étaient humblement soumis, et, reprenant leurs anciennes traditions, ils s'étaient faits de nouveau courtisans. Ils sollicitaient des postes dans les antichambres ou dans la diplomatie, des places de chambellan, d'écuyer, d'attaché d'ambassade.

Quant aux vôtres, Démos, leurs prétentions étaient moins élevées.

Ils avaient bien protesté dès l'abord; ils s'étaient drapés à l'antique et avaient pris des poses tragiques; ils s'étaient livrés à quelques scènes de pantomime déclamatoire; ils avaient juré de mourir avec la République et la liberté. Mais cette comédie n'avait duré que quelques jours. Ils avaient jeté au plus vite leurs défroques de tribuns pour prendre aussi la file des mendiants, des quémandeurs du temps.

Ils présentaient requête de tous côtés pour avoir des places dans les droits-réunis, dans les douanes, dans la police.

On fit le tri. Ceux qui avaient quelque valeur furent accueillis. La masse fut impitoyablement éconduite et rentra dans le néant.

Quant aux plus compromis dans les excès anarchiques, ils n'avaient garde de se montrer Poursuivis par la réprobation générale, objet de dégoût, ils se cachaient piteusement pour faire perdre la trace de leurs vieux méfaits.

Enfin votre parti tout entier, Démos, avait été englouti. Et il faut traverser un quart de siècle et arriver à 1830 pour pouvoir signaler en France l'existence d'un républicain.

Malheureusement, le grand génie qui était la clef de voûte de l'édifice, l'auteur de la pacification définitive de la France était tombé. Il fut précipité au moment où il atteignait le faîte, au moment où son œuvre recevait son dernier couronnement. Et avec lui disparut la paix intérieure, et les agitations recommencèrent.

Honneur, toutefois, à sa mémoire! Jamais mortel n'eut autant de titres et de droits à l'immortalité.

Je me résume et je dis :

Notre grande Révolution, que vous célébrez

avec tant d'emphase, Démos, n'eût été qu'une épreuve équivoque, un amalgame anarchique d'aberrations, de folies et d'horreurs d'où émergèrent par exception quelques idées saines et vraies, en somme un triste *experimentum in animâ vili,— in animâ vili* de la France, — si la vaillance de nos armées et le génie de nos capitaines n'étaient venus la réhabiliter et l'ennoblir, la rendre à la fois redoutable et respectée, et effacer ses taches en la couvrant des lauriers de la victoire.

Honneur donc avant tout à la bravoure de nos soldats, au talent de nos généraux, et par-dessus tout à celui qui les domina et les éclipsa tous !

Honneur à Napoléon-le-Grand !

CARLOS, DÉMOS et ROSOLIN.

(Ensemble).

Ouf ! de grâce, calmez vos transports, Ratapoil.

Essuyez-vous le front, et remettez-vous un instant de votre dithyrambique exaltation.

Quelques humbles et prosaïques observations :

La gloire du héros de votre cœur fut sans pareille, nous le concédons. Ce fut un génie prodigieux, surhumain, miraculeux, passe encore. — Nouveau Jupiter tonnant, il tenait en main la foudre qui allait éclater tour à tour à Austerlitz, à Iéna, à Friedland, allez toujours. Son administration intérieure fait pâlir le souvenir de Solon, de Lycurgue et de Numa Pompilius, poursuivez encore. Son histoire fut une épopée brillante, un poème sublime, d'accord.

Mais qui dit poème dit mensonge, tromperie séduisante, mais fallacieuse.

La poésie a pour but d'embellir la vérité, mais elle ne peut le faire qu'en la dénaturant.

La France fut s'enivrer à cette source empoisonnée ; elle apprit à ses dépens quels désastres et quelles calamités peut entraîner cette imprudence. Elle suivit aveuglément son guide dans la voie de la gloire. Mais, hélas ! cette gloire n'eut qu'une durée éphémère, et les revers furent aussi grands que les succès.

Elle était entrée triomphalement avec lui dans toutes les capitales du continent ; mais à l'expiration d'une période décennale, elle fut expulsée de partout, et la profondeur de sa chute égala l'élévation de ses triomphes.

Elle dut subir la loi des représailles : l'invasion étrangère, les hontes de la capitulation, et, chauvinisme à part, n'était-ce pas là une conclusion logique, équitable, obligée ? N'était-ce pas là la conséquence forcée de tant de folles équipées, de ces projets insensés de domination universelle ?

Le grand empereur, grand en effet par le génie, mais tout aussi grand peut-être par la démence, s'était follement imaginé qu'il pouvait tout soumettre à son sceptre de fer, tout dominer, tout asservir ; qu'il pouvait tenir toute l'Europe, toute la chrétienté sous ses pieds, dans l'attitude du célèbre colosse de Rhodes, une botte sur Madrid et l'autre sur Moscou.

Rêveries insensées ! provocation imprudente ! Il y fut répondu par une révolte générale.

Il fut renversé.

En définitive, il amoindrit et ruina la patrie. Il gaspilla le splendide héritage que lui avait légué ses prédécesseurs. Il trouva la victoire et il laissa la défaite.

Il fut renversé ! et, de bonne foi, il devait l'être.

On ne saurait ainsi porter atteinte à la tradition des siècles, à l'équilibre des nations, aux droits respectables des grandes familles chrétiennes. Cette tentative immorale et sacrilège ne pouvait rester impunie.

Grand homme, génie sublime, dites-vous, c'est possible ; mais en définitive et en réalité, le plus beau cas d'aliénation mentale qu'ait eu à enregistrer l'histoire de la médecine.

Et folie dangereuse, s'il en fut oncques, folie

furieuse, car dans sa rage inexorable, dans sa férocité de jaguar, il fit égorger deux millions d'hommes, et cela pour aboutir à l'écroulement complet de son entreprise, à l'amoindrissement de la France, à la perte de toutes les conquêtes que la République lui avait laissées, à la capitulation et au démembrement.

Dans vos louanges emphatiques, Ratapoil, vous assimilez son nom aux plus grands noms de l'antiquité, aux législateurs les plus célèbres, à l'empereur Auguste. Il serait plus rationnel de le comparer à cette divinité de l'Inde qui représente le mauvais génie en présence du génie bienfaisant, à Siva, le dieu de la destruction !

RATAPOIL.

A de si beaux discours, la réponse est facile.

Citoyens et Messieurs,

Vous êtes sans nul doute de grands esprits et de beaux diseurs. Malheureusement il est un talent qui vous manque, talent bien précieux cependant, et même indispensable. C'est l'art de persuader les masses et de convaincre le peuple de l'excellence de vos théories.

Vous savez avec quelle inexorable unanimité il les a toujours blakboulées. Ces souvenirs sont peut-être pénibles pour vous ; permettez-moi cependant de les rappeler.

Vous n'avez pas oublié, Carlos, le triste sort de vos princes bien-aimés que vous disiez les idoles de la population. En 1815, vous savez avec quelle foudroyante rapidité ils furent expulsés. Il suffit à l'empereur, au retour de l'île d'Elbe, de poser le pied sur le sol national pour les mettre en fuite.

Vous, Rosolin, qui avez du bon sens, vous êtes certainement convaincu que si notre drapeau avait eu un représentant en 1830, le gouvernement de votre choix eût été un gouvernement mort-né.

Quant à vous, Démos, il serait cruel de vous rappeler en insistant la triste issue de votre équipée de 1848.

Vous proclamez avec pompe le dogme de la souveraineté du peuple, le suffrage universel, la République, etc., etc.

Vous appelez le peuple à sanctionner votre programme. Le peuple court à ses comices et rend à la presque unanimité un verdict, un arrêt souverain qui peut se traduire ainsi :

Strangulation de la République.

Je ne sache pas que l'histoire offre un autre exemple d'une semblable mystification.

Strangulation, pendaison haut et court, sans miséricorde ni délai, de cette République que vous disiez être le vœu populaire ; tel fut le sens évident de la première épreuve du suffrage universel.

Telle fut encore la signification encore plus précise et plus explicite des grands plébiscites qui suivirent.

La proclamation du grand nom de Napoléon ne saurait être autrement interprétée. Elle veut dire condamnation sans recours, expulsion inexorable de vos idées et de vos personnes ; et l'avenir viendra encore, il faut l'espérer, corroborer et sanctionner ces manifestations de la foi nationale.

Et cette foi, qui ne s'est jamais démentie, date du début, du jour même de l'entrée en scène du grand homme. Le peuple avait compris dès le premier moment qu'il était le défenseur né de sa cause, de ses intérêts et de son honneur.

Au 18 brumaire, les véritables représentants du peuple étaient les cinq cents grenadiers qui expulsèrent de la salle de leurs séances, mirent à la porte ou firent sauter par les fenêtres les cinq cents imposteurs qui se disaient impudemment les mandataires du pays.

L'acclamation unanime sanctionna cette patriotique exécution ; et toutes les épreuves du même genre qui ont eu lieu depuis ont été autant de nouvelles consécrations du même vouloir national.

CARLOS, DÉMOS et ROSOLIN.

Oh! permettez, Ratapoil, ceci est par trop fort; dans l'énumération de vos batailles électorales, vous en oubliez une, celle de Sedan, celle qui suivit Sedan.

Où étiez-vous donc alors? Dans quelles profondeurs aviez-vous été engloutis? Si vous aviez osé venir au grand jour, vous auriez été atterrés à l'aspect du grand courant d'opinion qui fit irruption.

Ce jour-là, le peuple courut encore aux urnes avec ardeur et ensemble. Ce jour-là il y eut un véritable plébiscite, sérieux et convaincu cette fois.

Et si on eût eu à le compléter par un arrêt comme ceux de la justice criminelle, cet arrêt, cela est à craindre, eût été d'une bien grande sévérité.

DÉMOS

(Insistant avec véhémence).

Oui sévère et impitoyable, car il eût été juste que le malheureux qui avait précipité la France dans l'abîme, reçût le châtiment mérité de ses méfaits.

Sedan! A ce nom sinistre tout Français qui a quelque patriotisme au cœur, éprouve un frisson. Sedan ! le Waterloo de l'humiliation et de la honte, comme il y avait eu le Waterloo de l'honneur et du courage malheureux !

Sedan! C'est-à-dire toute une armée française, la seule qui tînt encore la campagne, prise au piège d'un seul coup de filet, sans pouvoir se défendre, comme le poisson dans l'épervier du pêcheur, ou l'oiseau dans les engins de l'oiseleur !

De pareils désastres marquent d'une tache indélébile ceux qui en eurent la responsabilité. Ils modifient et dénaturent complètement le caractère des personnes et des évènements. Ils transforment les physionomies et les présentent sous un aspect nouveau et tout différent,

L'aigle, le noble roi des airs est devenu un vilain hibou, un hideux chat-huant; l'élégant coursier, un roussin ; la couronne de laurier qui ornait une tête auguste, prend l'aspect d'une grande paire d'oreilles de baudet.

Tel portrait que l'on admirait, paraît une caricature grotesque. Involontairement l'esprit se reporte à ces fables célèbres de la plus haute antiquité : *Le Corbeau voulant imiter l'Aigle*, *l'Ane couvert de la peau du Lion*, etc.

Ainsi vont les choses, ainsi se transforment les destinées.

L'étoile napoléonienne a été comme un brillant météore qui apparut par une belle nuit, venant des plaines d'Arcole et de Rivoli. Poursuivant sa carrière, il atteignit les plus grandes hauteurs du firmament, illuminant le monde entier de ses éblouissantes clartés.

Puis, après une course désordonnée et de nombreuses évolutions, après avoir tour à tour brillé du plus vif éclat et subi de sombres éclipses, il est venu dans une chute suprême se perdre misérablement, se noyer et s'éteindre à tout jamais dans les fanges sanglantes de Sedan.

Et que reste-t-il aujourd'hui de cette merveilleuse apparition ?

Que reste-t-il le lendemain de nos grandes fêtes, du splendide feu d'artifice que l'on a tiré la veille ?

Rien !

Rien, si ce n'est quelques chiffons souillés et quelques débris noircis par la poudre.

Tout est fini et c'est là une ère définitivement close, non seulement dans les faits, mais encore dans les idées ; car aujourd'hui tout prestige est détruit et la vieille foi est morte.

Ce grand nom de Napoléon voulait dire autrefois gloire, génie, victoire.

Aujourd'hui il a une signification toute contraire : il signifie déroute, désastre, humiliation, hébétude et ineptie.

Comme vous l'avez très bien dit, le peuple avait jadis acclamé la victoire en élevant au rang suprême son plus brillant représentant.

Aujourd'hui il siffle, il hue la défaite et la honte. Il a repris à l'imbécillité la couronne qu'il avait donnée au génie des batailles et l'a mise en pièces. Et c'est toujours le même fait sous une autre forme.

La déroute est l'inverse, l'antipode de la victoire.

Porter en triomphe le vainqueur c'est honnir et condamner le vaincu.

Un flux vous apporta, le reflux vous emporte.

Oui, les faits sont accomplis. La vieille légende est morte. Les croyances sont éteintes et définitivement ensevelies. Les antiques refrains du chauvinisme n'ont plus cours.

Vous avez passé près d'un demi-siècle à faire rimer ensemble gloire et victoire. Vous avez tout disloqué, tout mis en pièces. Vous avez encore tué la poésie de ces éternels refrains. Ces vieilles rengaines, comme des défroques usées, sont aujourd'hui hors d'usage.

Les nouveaux évènements ont donné matière à d'autres couplets, à des rimes encore plus riches que gloire et victoire. Par exemple celle-ci, que je soumets à votre appréciation :

Bravache, cravache, ganache.

Donc, c'en est fait, et *lasciate omni speranza!*

Et qui pourrait donc faire revivre une religion éteinte et un culte à jamais trépassé?

Sur quelle tête fonderiez-vous, de grâce, de nouvelles espérances?

Vous avez au milieu de vous (1) un jeune prince étiolé, exsangue, sympathique, j'en conviens, car il est couvert par l'auréole du malheur; un prince que l'on traîna tout enfant sur le champ de bataille, comme pour lui donner le baptême de la défaite. Existence marquée de je ne sais quel sceau fatal et de je ne sais quel symptôme de mauvaise augure. Une seconde et pâle édition du duc de Reichstadt.

C'est là votre unique branche de salut, votre seule espérance.

C'est lui qui devrait tenir les cartes, si la France mettait encore sur la table de jeu tout son avenir.

C'est à ses débiles mains que devrait être remise l'épée de la grande nation.

Rassurante garantie!

Du reste, respectons son adolescence. Le pauvre garçon fut bien innocent de tout le mal fait. Lors de sa première exhibition sur le théâ-

(1) Alors que ces pages ont été écrites, le malheureux prince impérial vivait encore.

tre de la guerre, il n'était pas né à la vie intellectuelle, on eût certainement mieux fait de le laisser à l'école entre ses gouvernantes, ses devoirs et ses pensums, et, s'il eût pleuré, de lui donner des gâteaux pour le consoler.

RATAPOIL

(En furie).

Trève à ces railleries, Démos ! Je ne suis pas d'humeur à les entendre. Respectez ce qui est respectable et n'insultez pas à de nobles infortunes. Elles vous font ombrage, n'est-ce pas ? Et vous voudriez dissimuler vos craintes sous l'apparence du mépris ?

Ah ! notre cause est perdue, dites-vous, à tout jamais ; perdue, morte, fossoyée ! Et vous répétez cela avec une insistance qui prouve que vous doutez de l'exactitude de votre assertion.

Pour être franc, je vous avouerai que, pendant quelque temps, j'ai partagé ce sentiment, et qu'après Sedan j'ai cru à l'anéantissement définitif de la dynastie napoléonienne. Mais c'est vous qui avez ranimé et ressuscité mes espérances. Si la paix eût été conclue aussitôt après ce grand désastre, tous les torts, tout l'odieux seraient restés à la charge du régime impérial.

En prolongeant, follement et sans espoir de succès, une lutte impossible ; en ajoutant de nouvelles calamités, vous eûtes bientôt modifié l'opinion et pris à votre compte une grande part de la responsabilité.

Au bout de quelques mois de règne, les vôtres étaient discrédités et déconsidérés, réprouvés et honnis plus que les hommes de l'Empire. On n'en voulait plus. Ce temps avait suffi pour les juger, et les élections qui eurent lieu alors fournirent la preuve irrécusable de ce fait.

C'est alors que les regards se portèrent sur votre prince, Carlos, sur celui qui, d'après le droit antique, devait être le chef, le tuteur, le défenseur né du sol national, le ROI enfin.

Son attitude et son langage furent tels que tous furent ahuris. On se regarda avec une douloureuse anxiété et l'on se demanda si ce n'était pas là tout simplement un nouveau cas de démence royale, une seconde édition des infortunes mentales du pauvre Charles VI.

De sorte que la France se voyant enfermée dans un cercle sans issue et n'ayant en présence d'elle aucune porte pour en sortir que la nôtre, la France revint à nous. Et c'est là la seule explication possible du revirement d'opinion qu'on ne saurait contester.

DÉMOS.

La France revint à vous ! Cela prouverait bien

qu'elle ne savait où donner de la tête; et, au fait, la situation que vous lui aviez laissée était bien faite pour lui faire perdre la raison.

Récapitulons sommairement.

Vous étiez allés en guerre après avoir lancé les plus pompeuses proclamations. Vous nous aviez garanti la victoire, et le fameux bouton de guêtre de votre ministre de la guerre donne la mesure de votre folle sécurité.

Bouton de guerre et cœur léger, ce furent là comme les mots d'ordre de votre entrée en campagne.

Ces tristes illusions s'évanouirent bientôt. Au premier choc, une première armée composée de nos corps d'élite, de régiments de choix, commandée par nos meilleurs officiers, fut culbutée et presque anéantie.

Le gros de nos forces dut alors se replier sur Metz et aller chercher un abri et un point d'appui près de notre plus grande place de guerre, à l'ombre de la citadelle réputée inexpugnable pardessus toutes.

La grande lutte va commencer. Mais avant, triste présage, votre empereur s'en va dans la direction opposée. Et là se livrent coup sur coup et jour par jour une série de grandes et terribles batailles.

La fortune nous est contraire, et notre seconde

armée, notre grande armée, celle qui compte dans ses rangs nos principales ressources militaires, à peu près tout ce qui nous reste de forces, est enfermée avec la place forte qu'elle avait considérée comme son port de salut, dans un cercle de fer et de feu. Tous ses efforts pour sortir de cette fatale enceinte ont échoué, et dès ce moment elle est par le fait prisonnière de guerre.

A l'autre bout de l'horizon la citadelle rivale, Strasbourg, a déjà éprouvé le même sort. Elle est aussi enveloppée et incarcérée. Les innombrables cohortes des Saxons, des Badois, des Bavarois, etc., utiles auxiliaires de l'ennemi, qui laissent disponibles toutes ses forces actives, l'entourent de toutes parts, et il n'y a plus d'incertitude que sur la durée du siège et la date de la capitulation, comme pour Metz aussi.

Reste cependant un dernier espoir. Il est tout entier dans la troisième et dernière armée de la France, l'armée de secours, qui arrive sous les ordres de l'empereur en personne.

La bataille suprême et définitive va se livrer.

Hélas ! non. Ce n'est pas une bataille à disputer, mais bien tout simplement une capitulation à signer.

La lutte n'est pas possible. Les dispositions de l'ennemi ont été si bien prises, les nôtres si maladroitement combinées, que nous voilà pris au piège, obligés de demander merci sans pouvoir combattre, le combat ne pouvant aboutir qu'à une boucherie inutile. C'est le mot historique.

Notre armée est contrainte de déposer les armes, de remettre ses canons, ses fusils et ses drapeaux. On la met en rang et elle est tout entière amenée prisonnière. Et c'est là une preuve des progrès de la civilsation moderne : — dans l'antiquité elle eût été passée au fil de l'épée.

Sedan ! nom fatal et sinistre qu'on ne peut prononcer sans un douloureux effort !

Sedan ! Sedan ! syllabes néfastes, consonnances lugubres, qui résonneront à travers les siècles comme le glas funèbre de notre honneur national !

Sedan ! Le plus grand désastre, l'écrasement le plus complet dont l'histoire des guerres fasse mention ! Les défaites de Xerxès et de Darius, la capitulation d'Ulm, la destruction de l'armée turque à Aboukir, ne sont auprès que des escarmouches.

Après cette journée, il ne restait plus à la France d'autres ressources militaires que quelques garnisons emprisonnées et des bandes d'irréguliers, indisciplinés, sans armes, sans cadres pour les organiser, sans chef pour les commander.

Comme vous le disiez, Ratapoil, la lutte n'était pas possible.

Peut-on admettre qu'un homme tout nu puisse entrer en lice avec un adversaire armé de pied en cap et aguerri? Il eût fallu traiter de suite et se soumettre, suivant vous.

Oui, sans nul doute, si l'on n'eût écouté que les conseils d'une vulgaire prudence.

Non, je le dis hautement, à raison du point d'honneur. Il fallait du sang et beaucoup de sang encore pour laver la tache que cet honneur venait de subir. La France ne pouvait dès l'abord se mettre à genoux et demander humblement merci. Son passé, ses instincts, son renom lui commandaient encore la lutte.

Lutte à outrance, lutte désespérée, lutte jusqu'à l'épuisement de ses dernières ressources et la ruine de ses dernières illusions! Elle devait succomber, cela était probable, cela était certain; mais en succombant il fallait qu'elle pût répéter la vieille maxime de la monarchie : « Tout est perdu, fors l'honneur! »

C'est le cas d'un monsieur qui a reçu un soufflet et qui va sur le terrain, convaincu cependant que toutes les chances lui sont contraires.

Je le répète, il fallait du sang et malheureusement beaucoup de sang pour laver la tache que votre folle témérité avait infligée à la patrie.

Il fallait que dans un effort suprême la nation fît preuve de son énergie et de sa vitalité.

RATAPOIL

(Interrompant brusquement).

Et il fallait encore, n'est-ce pas? et avant tout, que la direction de cette dernière lutte fût remise à vous et à vos amis. Il fallait que vous devinssiez les chefs, les généraux et accessoirement les comptables de cette nouvelle guerre. Il fallait que tous les grands commandements vous fussent réservés, à l'exclusion des hommes les plus capables, des capitaines les plus expérimentés.

Il fallait que tous les grands livres de dépenses et toutes les caisses vous fussent confiés. Il fallait fournir aux uns l'occasion de couvrir de galons leur suffisante incapacité et de se produire au grand jour avec les insignes des grades les plus élevés; aux autres, la bonne fortune de réaliser de bonnes affaires, d'écouler aux conditions les plus avantageuses leurs grands approvisionnements de vivres, armes, munitions et souliers à semelle de carton.

Il fallait, en outre, sous prétexte de défense

nationale, accaparer toutes les fonctions salariées, tous les postes rétribués, depuis les préfectures jusqu'aux modestes justices de paix; renvoyer de partout l'aptitude éprouvée, pour mettre à la place des convoitises indignes et des outrecuidances ineptes.

Il fallait ajouter à l'invasion de l'ennemi extérieur, l'invasion à l'intérieur des truands et des ivrognes démagogiques.

Et tout cela pour aboutir à une triste parodie, pour simuler la levée en masse et la mise en campagne des bataillons de volontaires.

Hélas ! il ne manquait pour réaliser sérieusement ce programme que des armes et des équipements, l'instruction militaire, la discipline, le respect de la hiérarchie, et par-dessus tout cette espérance du succès qui fait la valeur du soldat.

Hélas ! cette organisation improvisée, mal agencée, compliquée de désordres de toute sorte, ne pouvait rien pour le salut de la patrie.

Il y eut bien sur quelques points d'honorables résistances, d'héroïques efforts; mais ces faits isolés ne purent empêcher la déroute et la débandade générale.

Il eût été plus sage de ne pas engager cette lutte impossible, pour cacher à l'étranger nos points faibles, conserver intact le prestige de la défense nationale de 1792 et sauvegarder la légende.

Prestige et légende furent mis à néant par les extravagances de la grande mascarade de 1870-71.

On ne saurait donner un autre nom à cette fabuleuse exibition d'armées dérisoires et de soldats pour rire, qui firent plus de peur à la France qu'à l'ennemi.

Quelques régiments de la garde impériale auraient plus fait pour le salut, ou du moins pour l'honneur du pays, que toute cette multitude désordonnée.

Ces paroles de Ratapoil provoquent un tolle général. Tous protestent, Carlos s'agite, Démos s'emporte, Rosolin lui-même se fâche.

Pendant quelque temps il est impossible de rien entendre dans cette explosion de récriminations violentes.

Peu à peu cependant les esprits s'apaisent, le calme se rétablit, et lorsque nous pouvons suivre de nouveau la conversation, elle a pris un autre courant.

C'est entre Carlos et Ratapoil que le débat s'est engagé cette fois avec vivacité et à peu près dans ces termes :

CARLOS.

De sorte que vous espérez qu'un de ces matins la France ira s'incliner devant l'auguste adolescent que vous appelez votre prince (1) ?

RATAPOIL.

Je ne sais; mais certainement elle irait à lui plus volontiers et de meilleur cœur qu'au vieux podagre que vous nommez votre roi.

CARLOS.

Le génie serait donc inné chez votre prodigieux jouvenceau. Il aurait la science infuse par voie de miraculeuse révélation. A moins toutefois que sa nourrice ne lui ait appris au berceau l'art de gouverner les hommes, et son père la science de la guerre sur la route de Paris à Sedan.....

RATAPOIL.

Et que parlez-vous encore et d'âge et de jeunesse ! Vous avez tort, vous oubliez que le rôle de prétendant est un rôle de jeune premier et qu'il ne peut être donné à un personnage vieilli, usé, cassé, lourd et balourd. C'est comme si,

(1) Inutile de rappeler que lorsque ce passage a été écrit, l'infortuné prince impérial existait encore. Il n'avait pas eu la fatale pensée d'aller se faire tuer dans la guerre des Zoulous, sorte de chasse aux gorilles, où il devait trouver la mort.

dans une troupe de théâtre, on confiait l'emploi d'amoureux à un acteur épais, essoufflé, édenté et d'une obésité porcine.

C'est bien là quelque peu votre cas. Vous êtes hors de service, et si l'on vous appliquait les règles suivies dans toutes les administrations, on vous eût invité depuis longtemps à faire valoir vos droits à la retraite.

CARLOS.

Est-ce bien sérieusement que vous prétendriez faire une pareille assimilation?

RATAPOIL.

Assimilation? Oh! certes, non; car d'un côté je vois un brillant avenir, de l'autre, un bien triste passé; ici une radieuse aurore, là un sombre et triste crépuscule.

CARLOS.

Que voulez-vous dire : triste passé? Il me semble que s'il y eut jamais des antécédents purs de toute tache et parfaitement irréprochables, c'est bien sans contredit...

RATAPOIL.

Vous ne m'avez pas compris. Je voulais tout simplement dire que votre prince, dans le cours de sa longue existence, a eu de bien rudes épreuves à subir; elles auraient été du moins cruellement pénibles pour un autre que lui.

Être le témoin des bonnes fortunes de la France pendant les temps heureux; assister du lointain de l'exil à nos gloires, sans pouvoir y prendre part; se voir délaissé et oublié, alors que dans sa foi aveugle il se croit l'homme indispensable, l'homme du destin; et plus tard, quand sonne l'heure fatale des revers, se voir encore condamné à l'inaction, à l'impuissance; rester coi dans son coin et entièrement étranger à notre cause, alors que nos destinées se décidaient sur le champ de bataille, — ce dut être pour lui un bien cruel supplice. D'autres n'auraient pu les supporter. Les rois, ses prédécesseurs, n'auraient pu s'y soumettre.

Son aïeul Henri IV eût certainement mis son panache blanc en avant et sur le front de bataille.

Louis XIII, roi-soldat, eût voulu marcher aussi.

Le majestueux Louis XIV, dans ces dramatiques extrémités, eût eu le sang en ébullition. Il aurait jeté de côté sa grandeur et sa perruque et aurait couru sus à l'ennemi l'épée à la main.

Louis XV lui-même eût été capable de laisser là son harem. Il eût fait preuve de vitalité et d'énergie.

Le comte de Chambord, dans la crise suprème, eut des pensées toutes différentes. Il adressa à la France de pieuses remontrances, et comme des homélies et des sermons. Il ne sortit pas de là.

La première de ses proclamations au peuple — c'était plutôt un mandement d'évêque qu'une proclamation de souverain — produisit une douloureuse surprise.

Les calamités de la guerre débordaient partout; rien n'avait pu arrêter le torrent; l'ennemi, l'Allemand, comme autrefois l'Anglais, nous étreignait dans un cercle de plus en plus restreint.

Pour tout le monde c'était là le grand péril, le grand désastre, la catastrophe terrible.

Pour le comte de Chambord c'était différent. Le grand mal, la cause de tous les malheurs de la France, suivant lui, c'était la Révolution.

Dans son prêche il prononçait ce mot avec une sainte horripilation, nous admonestant avec amertume, nous adressant de la rive un véritable sermon, comme le maître d'école à l'enfant qui se noie.

La Révolution, c'était l'infâme, le monstre ; le grand crime de notre génération, pour lequel il n'y aurait assez de pénitences, d'amendes honorables à faire.

Un siècle écoulé n'avait pu effacer cette tache indélébile, ce grand péché. On retrouvait là les vieux souvenirs exhumés de la prison du Temple et conservés intacts avec une scrupuleuse religion.

Espèce bien rare, unique peut-être, que cette force d'abstraction, que cette faculté de s'isoler ainsi de son époque, de ne rien voir des choses du siècle, de vivre par l'imagination dans un monde qui n'est plus, au milieu de l'évocation des morts et d'une fantasmagorie de fossiles ressuscités.

C'est là sans contredit un cas médical. Il me rappelle un souvenir d'enfance.— Un violent incendie dévorait tout un pâté de maisons. Près du foyer principal était une habitation qui n'était pas atteinte encore, mais qui allait être inévitablement envahie par les flammes. A l'une des fenêtres apparut tout à coup, au grand effroi de tous, une figure humaine, un homme d'un âge plus que mûr. Le malheureux ne voyait pas, ne comprenait pas le péril, si imminent cependant. Il riait et ricanait, et cet étrange accès d'hilarité avait un caractère effrayant. On lui criait de sortir, de se sauver, s'il en était temps encore; il n'entendait pas, il restait immobile et semblait prendre en pitié les conseils qu'on lui donnait.

On eut l'explication de ce fait étrange : le malheureux était fou. Ce n'était pas le rire de la niaiserie, mais le rictus de la démence qu'on pouvait lire sur sa face hébétée.

Et les infirmités mentales de ce genre ne sont pas aussi rares qu'on pourrait le penser. Les personnes qui en sont atteintes sont frappées de cécité ; elles ne voient pas ; elles ne peuvent rien entendre ni comprendre. On les voit marcher ; elles paraissent libres et saines d'esprit ; mais, par le fait, elles sont privées de raison ; elles sont séquestrées et emprisonnées dans le cercle étroit de leurs hallucinations. Ce cercle, comme un mur élevé et sans issue, les isole du reste du monde et les rend inaccessibles aux entreprises du bon sens.

CARLOS.

Arrêtez ! Ratapoil, et laissez-moi vous dire, puisque vous parlez de folie, que c'est vous en ce moment qui êtes le véritable fou ; sinon un fou furieux, du moins un fou bien extravagant et par trop injurieux. Outrager ainsi un auguste personnage qui ne fut coupable que d'un excès de franchise et de loyauté.....

RATAPOIL.

Et de démence, de démence pure, démence

bien caractérisée, je le répète en insistant.

Et venons-en au fait le plus saillant, à la preuve irrécusable par-dessus toutes. Je veux parler du manifeste, de la déclaration, si vous aimez mieux, relative au drapeau national.

Par le fait c'était une proclamation à l'armée, et il n'y a qu'une traduction possible.

Armée française, disait votre prince, tu vas te mettre à genoux et je vais te souffleter, te souffleter publiquement et avec éclat! C'était là en substance ses paroles; ce furent là ses conditions dernières, définitives, inexorables, les conditions qu'il mit à son accord, à ses fiançailles avec la France moderne. On eut beau intercéder, supplier, il fut inexorable jusqu'au bout. Condition *sine quà non*, il voulut, exigea avec un incurable entêtement qu'un outrage public et solennel fût fait au pays, à nos générations et spécialement à nos soldats, — que le drapeau de Fleurus et de Jemmapes, d'Austerlitz et d'Iéna, de Sébastopol et de Solférino fût lacéré et proscrit.

A la place devait être arborée la vieille bannière des temps antédiluviens, le drapeau blanc qui dans le cours de notre siècle n'a guère été porté que par les chouans, ou en tête des armées étrangères envahissant notre territoire.

C'était indiquer d'une manière explicite qu'il

entendait soumettre toute la population et la France entière à la Vendée.

Mais c'était surtout un affront sanglant, un soufflet, je n'exagère pas, à l'armée; et pour le recevoir ce soufflet, il était logique que l'armée prît une attitude humiliante, la posture du vaincu que la force des armes condamne à une soumission sans condition.

Elle était vaincue et bien vaincue notre malheureuse armée! et c'est ce qui devait rendre cette dernière capitulation plus douloureuse encore que toutes les autres.

Ah! si sa voix avait pu se faire entendre avant de subir l'humiliation de ses suprêmes fourches caudines, elle eût demandé que sa dignité et le point d'honneur fussent sauvegardés; elle eût observé qu'avant de changer le drapeau témoin de ses gloires et de ses infortunes, il fallait d'abord laver les taches que la défaite y avait laissées; qu'il fallait attendre des jours meilleurs et un retour de fortune; que jusque-là ces nobles bannières devaient être protégées par le respect qui s'attache à l'adversité.

Et ce sage avis était celui de quiconque avait quelque patriotisme au cœur et du bon sens à l'esprit.

Ce ne fut pas celui de votre prince qui, dans

son incurable entêtement, fit échouer les combinaisons convenues et mérita, ce jour-là plus que tout autre, le titre de fondateur de la République.

Cette conduite étrange, nous n'avons pas à nous en plaindre, nous.

DÉMOS.

Et nous moins encore.

Et vous qu'en pensez-vous, Carlos ?

Ne fûtes-vous pas mystifié cruellement ?

N'était-ce pas une véritable trahison de votre cause ?

Après tant d'efforts et une si longue attente, vous espériez avec raison atteindre enfin le but tant désiré. Quand tout à coup tout s'écroule par la faute, par le fait de votre chef. Si vous disiez franchement toute votre pensée, elle serait sévère, n'est-ce pas ?

Ah ! si le glorieux ancêtre, le grand Henri IV, avait pu redescendre des célestes séjours, avec quelle vigueur il fût venu tirer les oreilles à son indigne descendant, à ce malheureux qui perdait aussi follement l'avenir de son parti !

Le Béarnais, lui, dans des circonstances semblables, avait donné un si sage exemple à suivre !

Il avait, lui, changé, non pas de drapeau, ce qui est un détail puéril, mais de religion, ce qui était une hardiesse bien plus accentuée, il faut en convenir.

Oh! ses ossements dispersés ont dû frémir sous terre et s'agiter convulsivement.

A chacun sa mission du reste. Il était né soldat et roi. Aller bravement au feu, gagner des batailles, gouverner et bien gouverner un grand peuple, c'était là la tâche que la Providence lui avait assignée.

Et ce n'est pas un pareil rôle qu'elle avait réservé à votre prince, qui semble né et mis au monde pour vivre paisiblement dans un cercle de douairières, de séminaristes et de duègnes ; pour réciter des oraisons et des patenôtres; pour suivre de pieux pélerinages, pour accompagner des processions un cierge à la main.

L'épée est trop lourde pour ces sortes de débilités, et le passage de ces tristes existences ici-bas semble frappé du sceau fatal de l'impuissance et de la stérilité.

On a prévu le cas dans les pays où le principe monarchique est l'objet d'un culte absolu, religieux. Il n'y est pas permis à un membre de mettre en péril l'avenir d'une dynastie, à un anneau de compromettre la solidité de la chaîne, et l'on prend des mesures en conséquence. Elles varient suivant les lieux : ici les procédés violents ; là les moyens de sage prudence.

En Angleterre, le prince dont la tête est trop faible pour supporter le poids de la couronne, est toujours entouré d'égards et d'honneurs. Rien de changé dans les formes extérieures. Mais on l'isole des affaires ; on le séquestre dans son palais comme dans une royale maison de santé, et tout fonctionne comme à l'ordinaire.

En Russie, on est plus expéditif, on a recours aux procédés sommaires. On apprend un beau matin à l'Europe étonnée que le souverain, insuffisant pour sa tâche, a été frappé dans la nuit d'une attaque d'apoplexie foudroyante.

Ce n'est qu'à ces conditions que le principe se maintient et que les dynasties se perpétuent.

Tristes alternatives ; conjonctures également navrantes ; déplorable condition que celle d'un prince, d'un chef d'Etat, qui n'a par le fait qu'un seul service à rendre à son peuple :

Mourir !

Mourir ! Douloureuse extrémité, mais sort commun de toutes les choses d'ici-bas, dénouement fatal de toutes les existences.

Et ici une question à vous faire avec ménagement :

Est-ce que l'heure de ce dénouement n'a pas sonné pour vous?

Examinez-vous bien; tâtez-vous le pouls avec soin. Existez-vous encore? comme parti politique, bien entendu.

On voit bien s'agiter de par le pays de France une minorité bien infime, bien réduite. Dans quelques localités elle a encore une certaine densité; mais dans la généralité du territoire sa raréfaction est désespérante.

Ce qui distingue cette minorité, c'est la tendance à l'isolement, l'habitude de se retrancher dans ses regrets et ses illusions. Sa grande crainte est d'être confondue avec la foule dont elle se sépare de son mieux par ses idées, par ses persistances opiniâtres, par ses bouderies d'enfant.

Elle est en possession de supériorités sociales réelles; mais son amour-propre attribue à ces supériorités des proportions exagérées.

Se séparer du reste de la population, faire bande à part est sa grande préoccupation. Elle n'a aucun souci de l'intérêt public, et en toute occasion on la voit s'agiter, non pour apporter un concours, mais bien pour créer des entraves.

Ce qui fait le lien de cohésion de ce groupe, ce

qui en constitue l'agglomération politique, c'est la vanité, rien que la vanité, ou du moins surtout la vanité. C'est là une couleur qui est jugée de bon goût, une nuance bien portée. Et c'est là ce qui recrute et maintient ce groupe.

On peut comparer ces nobles personnages aux spectateurs d'une avant-scène de théâtre, qui considèrent le public des autres places comme un monde bien inférieur, un *profanum vulgus* digne de pitié.

La vanité, je le répète, est le lien de cohésion et la force attractive, la source de prosélytisme du parti, — et on ne devrait pas dire l'opinion, mais bien l'infatuation légitimiste.

Mais un parti ne peut pas seulement vivre de ses propres illusions et de la haute estime qu'il a de lui-même ; d'autres conditions lui sont nécessaires. Il lui faut un but défini, des espérances sérieuses, un avenir ouvert devant lui.

Vous vous dites une aristocratie, Carlos, c'est sincèrement et de bonne foi que vous vous croyez une aristocratie ; vous n'êtes en réalité qu'une secte, et une secte le plus souvent et de plus en plus ridicule.

Une aristocratie ! Pour bien se rendre compte du véritable sens de ce mot, il faut aller dans les pays où le régime est en vigueur, en Angleterre, par exemple.

Une aristocratie est une élite. Au premier rang figurent d'abord les grandes familles dont l'origine remonte aux temps les plus reculés, qui possèdent depuis un temps immémorial la majeure partie du sol, qui sont à la tête des intérêts les plus considérables et qui sont plus grandes encore par le mérite, l'intelligence et le patriotisme que par la naissance et la fortune.

Marchent avec ces nobles familles les premières illustrations du pays : tous ceux qui ont été élevés par l'estime et la confiance des populations ; tous ceux que le souvenir des services rendus à la patrie, les faits de guerre, l'exercice de hautes magistratures, la conduite de négociations importantes, ont signalés et élevés au-dessus de leurs concitoyens.

Viennent après cet état-major de l'honneur et de la considération : toutes les distinctions en évidence ; toutes les grandes influences ; toutes les supériorités sociales ; toutes les aptitudes remarquables ; tous les grands renoms d'honorabilité et les célébrités de tout genre.

Et tout cela ne fait qu'un seul faisceau homogène que les divisions ne peuvent entamer.

Telles sont les conditions qu'il faut pour constituer un corps aristocratique.

Et ici une question à vous poser, au risque de froisser votre amour-propre :

Ces conditions les réunissez-vous? Et la comparaison que l'on peut faire avec vos voisins d'outre-mer ne met-elle pas en évidence votre incontestable infériorité?

Récapitulez.

Ils sont intelligents et dignes, éclairés et sérieux ; il ont su se rendre aptes aux plus difficiles fonctions ; ils ont su conquérir l'estime et le respect de tous. Patriotes quand même, ils sont populaires. Non seulement ils savent se bien gouverner eux-mêmes, mais encore on peut leur confier en toute sécurité la gestion des intérêts publics les plus graves. Une longue habitude les a enseignés. Ils savent par cœur le monde entier, ou du moins toutes les contrées de civilisation. Ils ont étudié toutes les questions qui s'agitent à notre époque, du haut des points culminants qui sont les meilleurs postes d'observation. Ils n'ont ni préjugés ni entêtements puérils. La plus grande hiérarchie règne dans leurs rangs. — Et si les cervelles étroites et les têtes folles venaient y porter le désordre, on les mettrait de suite à leur véritable place, qui est le dernier rang.

Voilà quelques dissemblances, n'est-ce pas?

Mais reste encore la plus grave : il y a chez

eux unité parfaite, sinon dans les croyances religieuses, du moins dans la foi politique. Tous s'inclinent avec un respect aveugle et absolu devant la même couronne, et c'est pour des siècles que leur avenir monarchique est assuré.

Vous, Carlos, vous vous trouvez, vous vous êtes mis dans des conditions différentes. Vous avez pris pour symbole de vos croyances la couleur d'un drapeau. Au premier jour, ce dernier point de ralliement peut vous faire défaut. Vous vous êtes séparés de la nation, et cependant à courte échéance il vous faudra forcément revenir à elle. Vous avez attaché votre sort, comme parti, à une existence qui doit fatalement suivre toutes les phases de la vie humaine. Vous êtes passés depuis longtemps de la jeunesse à la virilité. Vous voilà sur la pente qui mène de la vieillesse à la décrépitude. Au premier jour, demain peut-être, vous n'aurez plus personne pour porter l'emblême de votre foi. D'après vos principes, il ne peut, en effet, être confié qu'à des mains royales.

Donc votre situation est bien étrange. Donc vos projets sont marqués au coin du provisoire et du précaire. Donc toute combinaison de longue portée et toute fondation durable vous sont interdites. Donc votre fin est imminente. Donc vous êtes moribonds, sinon morts, et l'on peut commencer les premiers versets du *De Profundis* à chanter sur votre tombe.

CARLOS.

Un instant, de grâce, Démos, et trêve à ces plaisanteries de mauvais goût; elles deviennent intolérables. Du reste, j'ai promis de ne pas me fâcher, je tiens parole.

Ah! nous sommes, dites-vous, morts, enterrés, fossoyés, soit.

Mais nous pourrions bien ressusciter, c'est là mon espoir et ma croyance. Nous ressusciterons, et ce qui me paraît encore certain, c'est que cette résurrection sera votre œuvre.

Encore quelques années et vous aurez accompli ce miracle. Il ne vous faudra même pas ce temps-là pour dégoûter la France de vos personnes et de vos idées.

Ce mouvement d'opinion s'accentue déjà, et vous êtes hommes à l'accélérer autant que possible.

Oui, les temps approchent où le peuple comprendra enfin qu'il n'y a aucune connexité entre ses intérêts et les intérêts de cette couche sociale qui fait toute votre clientèle.

Oh! oui, les temps approchent où l'on verra le bon sens public faire explosion, le peuple s'affranchir du joug de la canaille.

La *vox populi* va bientôt se faire entendre et se substituer à ces clameurs discordantes, à ces vociférations d'ivrogne, à ce concert de jargons repoussants et de hoquets abjects qui nous assourdissent depuis si longtemps.

Et il faudra bien vous incliner et vous soumettre, Car, vous l'avez vous-même proclamé, cette voix populaire c'est le juge suprême, l'arbitre souverain.

RATAPOIL

(Interrompant avec brusquerie).

L'appel au peuple! Oui, c'est cela. En prononçant ce mot décisif, vous me passez la parole, n'est-ce pas, Carlos? Car c'est là mon terrain; j'entre chez moi et vous restez dehors.

L'appel au peuple! oui, c'est là le port de salut. Car, vous n'en sauriez douter, lorsque les masses ravisées, éclairées enfin par de si tristes épreuves, pourront librement manifester leurs préférences, l'option n'est plus douteuse et l'arrêt est certain.

CARLOS.

Et surtout en mettant Sedan dans la balance.

RATAPOIL.

Sedan! toujours Sedan, comme si une journée néfaste pouvait effacer tout un règne de grandeurs.

CARLOS.

Grandeurs! en effet, si l'on additionne les désastres avec les catastrophes. Si l'on porte encore sur la carte toutes les taches de la grande épopée impériale, on doit arriver à un formidable total.

RATAPOIL.

Des taches! des malheurs, oui; mais des taches, je n'en vois pas.

CARLOS.

Permettez, c'est une simple réminiscence. Je ne sais comment le souvenir du meurtre du duc d'Enghien m'est tout à coup revenu à l'esprit. Et, au fait, ce détail mérite d'être noté.

RATAPOIL.

Enghien! d'accord, encore une mauvaise journée. Mais il ne faut cependant rien exagérer. Ce fait, quelque regrettable qu'il fût, n'était qu'une riposte à une provocation, à un fait plus criminel encore. Une réponse du berger à la bergère, suivant l'expression triviale. Il ne faut y voir qu'un ricochet des projectiles de la machine infernale. Les deux font la paire et, en définitive, il y a balance et compensation.

CARLOS.

Allez jusqu'au bout et dites que cet assassinat célèbre fut tout simplement une regrettable étourderie, une fâcheuse distraction.

L'Europe et tout le monde civilisé ne le jugèrent pas ainsi. Partout on y vit un acte de banditisme révoltant, une horrible vendetta, dont un aventurier corse pouvait seul avoir la pensée.

La réprobation et l'horreur furent générales chez les peuples comme chez les souverains. Le nouveau gouvernement de France avait été franchement accepté; la paix avait été conclue sans arrière-pensée; mais la nouvelle de ce forfait changea tous ces sentiments et les convertit en aversion et en dégoût, et recommença aussitôt après cette série continue de guerres meurtrières qui ne devait se terminer qu'à Waterloo.

Et ici un fait historique qui n'est pas connu, mais qui cependant se rattache à la question : Après Waterloo, le général Blucher, qui avait eu une part si décisive dans la victoire, accéléra sa marche sur Paris. Son but bien arrêté — c'est un de ses lieutenants et confidents qui l'a affirmé dans ses mémoires — était de s'emparer de la personne de l'empereur Napoléon, de le conduire à Vincennes et, sans autre forme de procès, de sa propre autorité, de le faire fusiller, à la place même où avait été fusillé quelques années avant le descendant des Condé. Il en fut heureusement empêché. C'eût été là encore un crime; mais, il faut en convenir, le choix de l'emplacement en eût singulièrement diminué l'horreur.

Ratapoil.

Je ne crois pas avoir à répondre à la question, mais je vous en poserai une autre.

Ce fut encore un horrible attentat, n'est-ce pas, que la machine infernale? Reportons-nous au temps. La France venait d'entrer dans une ère de félicité dont son histoire n'offre peut-être pas d'autre exemple. Tous les troubles intérieurs étaient apaisés. Après d'épouvantables orages, le calme le plus parfait. Venaient s'y joindre le contentement général, la satisfaction patriotique que donne la victoire.

La France n'avait plus d'ennemi; elle était tout entière aux jouissances de la gloire et de la paix. Son nouveau maître, après avoir révélé ses talents de grand capitaine, révélait tous les jours son génie de législateur. C'était là une période fortunée, s'il en fut oncques.

Eh bien! au milieu de cette joie sans mélange, un groupe de mauvais gredins, esprits forcenés et pervers qu'irritait le spectacle de la satisfaction générale et dont la fureur grandissait à mesure que s'effectuait l'apaisement universel, des scélérats, — il n'y a pas d'autre nom, en politique la sottise et l'hébétude ne sauraient excuser la scélératesse, — une bande de mauvais gredins, dis-je, s'agitait sourdement et complotait. Dans leur rage aveugle, ils tentèrent un effort suprême, un guet-à-pens criminel pour renverser le nouvel édifice politique. Et nécessairement ils visèrent celui qui en était la clef de voûte, le Premier Consul.

Les moyens d'exécution étaient au niveau de la pensée première de ce forfait : la machine infernale!

Au lieu d'attaquer en face, en soldats, en courageux bandits du moins, ils agirent en lâches malfaiteurs. Ils avaient agencé ténébreusement un engin meurtrier bourré de poudre et de projectiles, et, après avoir mis préalablement leurs individus hors de danger, ils y mirent le feu, sacrifiant sans remords de nombreuses existences, des citoyens inoffensifs. Dieu protégea la France, ce jour-là plus que tout autre; leur but criminel ne fut pas atteint.

Loin de là. Jamais un cri de réprobation aussi violent, aussi unanime ne se fit entendre; jamais acclamations plus enthousiastes pour celui qui était la victime désignée et dont l'autorité fut, au contraire, définitivement consolidée.

Si l'on eût écouté la clameur publique, les représailles auraient été cruelles, — et ce n'eût été que justice.

Quand on prend en pleine mer des pirates, des corsaires, on les pend préalablement aux vergues de leur bâtiment. C'est là une procédure sommaire suivie de tout temps et qui le sera toujours tant qu'il y aura des pirates, des corsaires.

La sainte Hermandad ne procédait pas autrement en Espagne, cette terre classique des bandes de brigands. L'histoire de Don Quichotte fait mention d'une forêt où la plupart des arbres étaient agrémentés de cadavres de voleurs fraîchement appendus. C'était bien une répression de ce genre que méritait l'infâme complot de la machine infernale, et tous les complices auraient dû être traités par ce procédé.

Ils étaient nombreux, dit-on; les ramifications s'étendaient au plus loin; de hauts et puissants personnages étaient dans l'affaire; et par le fait, l'étincelle qui mit le feu serait, a-t-on affirmé, partie des rivages étrangers.

Question douteuse encore; mais, en tout cas, il n'eût dû y avoir de grâce et d'exception pour aucun coupable, et leur situation plus élevée que celle de leurs complices ne devait leur donner droit qu'à un châtiment plus exemplaire, qu'à une potence plus élevée.

CARLOS.

Ajoutez que ce nouveau genre de supplice, que caresse avec tant de complaisance votre imagination, aurait eu l'avantage de faire diversion avec la guillotine sur laquelle on devait être blasé, à raison de l'usage immodéré qu'en avait fait la démocratie.

DÉMOS.

Je n'ai pas à entrer dans ce débat, *res inter alias acta.*

Mais reprenez donc, Messieurs, la suite de votre controverse. Où en étiez-vous donc ?

Ah ! j'y suis.

Vous, Carlos, vous alliez faire sacrer votre roi à Reims.

Vous, Ratapoil, vous alliez présenter votre prince aux acclamations populaires. Poursuivez ; mais prenez garde que les deux cortèges ne se rencontrent en route.

CARLOS.

Plaisantez tant qu'il vous plaira, Démos, mais laissez-moi cependant vous dire que ce serait un grand jour, un jour de grande et profonde satisfaction, que le jour où l'on viendrait dire à la France : l'ordre, la paix intérieure, l'accord avec l'étranger sont enfin rétablis ; désormais il n'y aura plus à redouter ces terribles crises qui mettent en péril l'avenir du pays ; ces troubles périodiques et presque permanents qui menacent les intérêts les plus respectables et la sécurité des citoyens.

La tourbe des Rabagas, des maltôtiers, des croquants, des méchants énergumènes et des mauvais folliculaires est définitivement expulsée des affaires. On ne verra plus à l'avenir l'arène politique envahie par ces personnages interlopes. Maroufles se donnant des allures de gentilshommes, ineptes se croyant du génie, affamés n'ayant que d'inavouables convoitises à satisfaire ; et à leur suite les légions de truands avinés, qui étaient leur armée. Cette bande, qui exploitait et rançonnait le pays, a fait son temps. Place désormais aux idées saines et justes ! Place aux hommes de mérite et de labeur, d'aptitude et de moralité !

Les fonctions honorables seront à l'avenir réservées pour les personnes honorables. Il fallait, sous le régime démagogique, faire preuve d'indignité pour les obtenir ; elles seront, cette fois, le partage de l'intégrité, du talent et des supériorités légitimes.

La magistrature nationale pourra enfin relever la tête.

L'administration, troupe régulière, troupe d'élite qui sous ses modestes dehors rend de si grands services, sera affranchie de l'humiliante domination qui pesait sur elle. On l'avait mise sous les ordres de chefs incapables, soupçonneux, animés de cette aversion instinctive que les gens sans valeur ont toujours pour les hommes de mérite; ses droits étaient sans cesse menacés; elle était l'objet d'une suspicion outrageante. Elle sortira enfin de ses fourches caudines et aura recouvré son indépendance et sa dignité.

L'ordre, le respect de la hiérarchie seront rétablis. Il n'y aura plus de préférence que pour les plus dignes. La concession d'un emploi, sous le régime démagogique, au lieu d'être une garantie pour le public, était au contraire devenue un motif de légitime défiance. La loi contraire sera mise en vigueur, et le choix du gouvernement deviendra le meilleur titre de recommandation pour les administrés.

Enfin, avec l'avènement du bon droit, reprendront leur cours les sages traditions, les grandes pensées malheureusement interrompues par les crises révolutionnaires : le dégrèvement des impôts; l'amortissement de la dette publique; l'impulsion donnée dans une sage mesure aux grands travaux publics, et pardessus tout l'intérêt des contribuables consciencieusement ménagé.

Il suffirait d'une épreuve de quelques années pour faire juger, applaudir et bénir un tel régime. Au bout de ce temps, toutes les défiances auraient été dissipées, toutes les injustes préventions mises à néant, toutes ces fables mensongères de retour vers un passé qui n'est plus et qui ne peut pas revivre, tous ces contes de dîmes, de rentes, de privilèges, — impostures que de perfides calomnies ont servies si longtemps en pâture à la niaise crédulité, — tout cela, dis-je, aurait été jeté dans le panier aux ordures de l'opinion, et il n'en resterait plus vestige.

Oui, je le répète, un grand mouvement national se prépare dans l'opinion. Le retour aux idées saines et justes s'accentue tous les jours, et c'est vous qui en aurez été les auteurs.

La France est lasse d'aventures et d'aventuriers.

Elle veut en finir avec ces saturnales qui la déshonorent et la ruine.

Une explosion générale ne tardera pas à éclater. Comme au temps de l'invasion anglaise, un grand cri de guerre retentira d'un bout à l'autre du territoire.

Tous se soulèveront à ce cri :

Guerre aux gredins ! Jamais ! jamais en France, jamais le truand ne règnera.

DÉMOS.

Et tous ces prodiges, tous ces miracles, toutes ces merveilles, sous l'inspiration, sous la haute direction du noble et puissant seigneur marquis de Carabas, n'est-ce pas ?

Toujours l'éternel Carabas.

RATAPOIL.

Trève à vos plaisanteries, Démos. Le programme que vous venez de nous exposer, Carlos, est un irréprochable et admirable programme. Il n'y a qu'un malheur, c'est qu'il est interdit à vous et aux vôtres de le mettre en pratique. Nous seuls le pouvons, car il a pour base indispensable la sympathie des populations, l'acclamation populaire qui ne nous fit jamais défaut.

Oh ! oui les temps approchent où nous pourrons voir ce grand fait se réaliser. L'heure s'avance où notre prince bien-aimé, notre noble prince, noble lui par l'intelligence et par le cœur, pourra recueillir l'héritage que lui réserve l'affection des masses. Il viendra, porté par le flot populaire, il viendra, sous l'égide de son auguste mère, qui lui apporte de son côté un si large tribut de sympathies. Une auréole commune les couvrira, et alors (1).....

CARLOS.

Oh ! juste Ciel, Ratapoil, ceci est de la glorification, de l'apothéose. Pourquoi vous arrêter en si beau chemin et ne pas proposer tout de suite la béatification, la canonisation ?

Sainte Eugénie de Montijo ! cela serait d'un bel effet.

Dans la chronologie de nos souveraines, nous avions déjà sainte Clotilde, mémoire vénérée, mais un peu atteinte de vestuté ; auriez-vous l'ambition de la régénérer ?

Dans l'intérêt de votre cause, gardez-vous de ces grosses exagérations. C'est une noble et belle figure que votre impératrice, n'allez pas la défigurer en lui brûlant trop d'encens sous le nez. Elle fut toujours sympathique, et le malheur l'a rendue respectable, vénérée. J'en parle en toute sincérité, car, je dois l'avouer, j'étais dès l'abord défavorablement prévenu, et ce n'est

(1) Rappelons encore une fois que ces pages ont été écrites du vivant du prince impérial, dont le pays a si vivement déploré la mort.

que plus tard que j'ai été amené à lui rendre consciencieusement hommage. Vous devez, en effet, vous le rappeler, lorsqu'on apprit la nouvelle du mariage de Napoléon III, il y eut au début des chuchotements malveillants, de perfides insinuations mises en circulation. Ce fut une grande surprise, on peut le dire, pour les amis sincères du nouveau régime, et la joie mal contenue de ses ennemis était tout aussi significative. D'après leurs dires, qui avaient entièrement dénaturé les faits, on s'attendait à voir la nouvelle souveraine, la belle andalouse au teint bruni, faire son entrée en scène, son ascension du trône avec accompagnement de castagnettes, avec des désinvoltures de boléros, de fandangos, de cachucha. On s'était figuré une sémillante brune à l'ardente prunelle, très souple et court vêtue, la basquina sur la hanche à la façon de Sabine ou de la marquisa d'Amaëgui.

Toutes ces préventions furent bientôt dissipées. On put se convaincre qu'il n'y avait de réel dans tous ces mauvais racontars que le fait constant d'une splendide et ravissante beauté. Beauté plus belle que la brillante couronne des reines de France, — couronne fatale et que l'on pourrait appeler l'auréole du malheur. En définitive, je le répète, ce fut une noble figure que la belle impératrice, — l'histoire lui donnera ce nom.

On voulut la ternir à l'aide de fables mensongères; on alla jusqu'à prononcer le nom d'aventurière; mais le bon sens public fit justice de toutes ces indignités.

RATAPOIL

(Dans un état d'irritation difficile à décrire).

Une aventurière! avez-vous dit, une aventurière! mais jamais pareille injure n'a été proférée; c'est là un blasphème inédit et de votre invention, Carlos. Il lui faut une réponse catégorique; la voici, et sans ménagement :

Lorsqu'on remonte dans l'histoire et que l'on parcourt la galerie des souveraines de France, on peut se convaincre de ce fait dont notre patriotisme doit s'honorer, c'est que toutes ont conservé intact le dépôt d'honneur qui leur était confié. Même aux époques de plus grande dissolution, toutes se distinguèrent par l'austérité de leurs mœurs et une conduite à l'abri de tout soupçon. — Toutes avaient compris qu'elles avaient une haute mission à remplir : la garde de la dignité du trône.

Aucune ne faillit.

Et de nos jours, aux dates les plus récentes, nous avons vu tour à tour la reine Marie-Amélie, la princesse Hélène et notre impératrice ennoblir encore cette mission, en élever encore la majesté.

Jamais la vieille maxime « Noblesse oblige » ne reçut une application plus rigoureuse.

Et bien ! il faut le dire avec regret, et c'est vous qui me forcez de le faire, Carlos, il y a eu à cette règle, à cette loi toujours respectée, une exception unique, une exception bien regrettable, — je reste dans les euphémismes, — et c'est de votre bord, du camp de l'agneau sans tache, de l'immaculée conception, du sacré cœur de Jésus et de Marie, etc., etc., qu'elle est venue ; c'est là un fait bien fâcheux, je le répète, une tache. Quand on a par devers soi de pareils antécédents, on doit garder des allures modestes ; on parle bas ; on courbe la tête et l'on ne provoque pas par d'impertinentes agressions de cruelles réparties.

Votre prince, alors qu'il était encore au berceau, reçut des courtisans le surnom pompeux de l'Enfant du Miracle.

C'est une appellation toute différente qu'on serait en droit de lui donner, si l'on avait recours au vocabulaire de Molière ou de Don Quichotte.

Et je vous défie de vous fâcher, Carlos. Il est

de ces causes dont on ne peut se faire le champion sans prêter à rire.

Mais c'est là sujet trop délicat et matière épineuse; on éprouve de la gêne à les traiter. Fâcheuse alternative : il faut être insolent pour être véridique. Voyons, libérons-nous de ce souci et parlons d'autres choses.

DÉMOS.

Bien dit, et d'abord il faut être galant avant tout. Ne faisons pas intervenir les dames dans ces pénibles débats. L'une est une sainte, soit. Je ne marchande pas ; je vous accorderai même que l'autre est une nouvelle héroïne d'Orléans. Passons et poursuivons.

ROSOLIN.

D'autant plus que ces vieilles redites n'avancent rien et ne peuvent qu'irriter au lieu d'apaiser. C'est vers la conciliation que nous devons aller et, ce qui est bien regrettable, c'est au rebours que nous marchons.

DÉMOS.

Silence, Messieurs, et attention ! Rosolin parle, Rosolin a parlé ! Grand fait à signaler. Va donc pour Rosolin et pour ses émollients.

ROSOLIN.

Des émollients ! c'est bien le mot, et à défaut de cataplasmes sur l'esprit, de bonnes douches sur la tête, c'est bien là ce qu'il vous faudrait à tous.

DÉMOS.

Nous devons l'avouer, il nous faudrait un traitement bien radical, une cure merveilleuse pour nous faire admirer quand même le système de la paix à tout prix.

ROSOLIN.

Vous préférez celui de la guerre à outrance ; vous avez peut-être de bonnes raison pour cela, vous. Mais le pays en a d'autres, lui, qui lui défendent d'être de votre avis. Il estime que c'est une détestable politique que celle qui, de chute en chute, de désastres en catastrophes, aboutit en dernier ressort à l'ironique parodie d'un mot célèbre et amène à s'écrier en définitive :

Tout est perdu, même l'honneur !

Exclamations bruyantes de Démos et de Ratapoil. — Sortie déclamatoire de ce dernier, qui est une récapitulation des victoires des Français de 1800 à 1815, avec un appendice relatif aux guerres de Crimée et de Solférino. Les mots de gloire et de victoire figurent au moins cinquante fois dans cette ardente et bruyante improvisation.

ROSOLIN

(Répondant à Ratapoil).

C'est très bien de faire rimer ensemble et à profusion gloire et victoire ; ces rimes sont cependant aujourd'hui singulièrement démodées et la légende du chauvinisme n'a plus de cours.

Et laissez-moi d'abord vous poser une question qui demande quelques développements.

Est-ce que vous nous refuseriez toute participation dans les succès militaires dont notre génération a été témoin ? Ce serait bien injuste, car si nous n'y avons pas directement assisté, nous y étions largement représentés. Ce sont nos armées à nous, les soldats formés à notre école qui ont vaincu en Crimée et plus tard à Magenta et à Solférino.

La campagne de Crimée, admirable épopée, résurrection brillante de notre gloire militaire, est par le fait notre œuvre et nous pouvons en revendiquer l'honneur. Ce sont nos hommes, chefs et soldats, qui décidèrent la victoire, et jamais la supériorité de nos armes ne fut mise en relief avec tant d'éclat. Quelques années vous ont suffi pour transformer cette supériorité en une humiliante infériorité.

Rappelez vos souvenirs du temps. Lorsqu'après une si longue paix, la France s'attaqua de nouveau au colosse russe, lorsque fut résolue cette grande entreprise dans des conditions nouvelles et inconnues, dans un lointain mystérieux, les appréhensions furent très sérieuses. Les récits les plus effrayants avaient été mis en circulation.

C'était, disait-on, une armée de géants que nous allions combattre, des phalanges de Goliaths bardés de fer et disciplinés à l'unisson. On en faisait des descriptions à donner le frisson.

La garde impériale russe, les corps de Cosaques étaient représentés comme de formidables croquemitaines qui devaient nous avaler comme des enfants.

Le théâtre de la guerre, l'antique Tauride des temps fabuleux, la terre de Jason et de la Toison d'Or donnait encore à l'expédition un caractère qui tenait du merveilleux et augmentait les craintes.

Les premières rencontres sur le terrain mirent à néant toute cette fantasmagorie. Les premières batailles livrées établirent ce fait brutal, imprévu, foudroyant : les corps russes ne pouvaient pas tenir devant les corps français ; ils étaient culbutés au premier choc, et sans les fortifications de Sébastopol, la grande armée de l'empereur de toutes les Russies eût été jetée à la mer, comme jadis l'armée turque à Aboukir.

Je le répète, cette supériorité militaire incontestable et écrasante était notre œuvre. Nous l'avions préparée pendant une longue paix. Nous l'avions étudiée et mise à l'épreuve sur cette terre d'Afrique, — nouvelle France que nous avions ajoutée à la mère-patrie. Nous avions créé cette supériorité, et tout porte à croire que nous aurions su la maintenir, nous.

C'est nous qui avions organisé ces bataillons dont l'élan irrésistible renversait tous les obstacles et brisait toutes les résistances. Cette armée qui nous ouvrit à nouveau le chemin de la victoire, c'était à l'école de nos princes et de nos capitaines — des Lamoricière, des Cavaignac, des Changarnier, des Pélissier, des Bosquet, des Canrobert — qu'elle s'était formée.

Et au-dessus de cette pléiade de noms glorieux, d'illustrations sans tache, il faut mettre la grande figure du maréchal Bugeaud, du grand maréchal dont la haute stature dominait toutes les autres, du maréchal qui dans un débat parlementaire et du haut de la tribune put dire un jour, en parlant des autres généraux ses compagnons d'armes : mes lieutenants ; — et loin de protester, tous s'inclinèrent avec une respectueuse déférence.

C'était avec ces hommes d'élite, nos hommes à nous, que la France avait organisé et constitué sa nouvelle armée ; qu'elle l'avait équipée et armée ; qu'elle avait pu lui donner sa tactique irrésistible et par-dessus tout cet esprit militaire qui faisait sa plus grande force.

D'après toutes les prévisions, les mêmes hommes devaient être appelés à continuer, à perpétuer ces bonnes traditions, gage de la victoire.

Hélas ! la Providence en décida autrement, et il leur fut fait application de la sévère loi : *sic vos non vobis.*

Vous êtes venus après, Ratapoil, et avec vous une nouvelle espèce d'hommes, une tout autre manière d'agir. Vous êtes venus, vous avez vu — ou plutôt vous n'avez pas su voir — et vous avez été vaincus.

C'est la formule de César prise au rebours ; vous êtes arrivés sur le théâtre des combats, vous avez été roulés et nous avez fait rouler avec vous.

Vous avez engagé étourdiment une lutte formidable, une lutte dans laquelle la France devait fatalement succomber, par la raison principale que vous en aviez la direction. Cela est constant.

Avec d'autres hommes à notre tête, nous pouvions espérer une issue plus favorable, moins désastreuse toutefois.

Je vais droit au fait capital : vous confiâtes le commandement supérieur de la grande bataille où notre sort devait se décider, à cet étrange et interlope personnage, Bazaine. Supposez qu'il eût été remis à un général d'un caractère sûr, à l'un de ces hommes dont le nom seul suffit pour écarter tous les soupçons ; supposez qu'il eût pu être remis à l'une des célébrités militaires de la République et de l'ancien Empire, — à un chef de la trempe du maréchal Bugeaud dont nous parlions tout à l'heure, — la fortune eût pu sans contredit nous être encore contraire, mais l'ennemi eût dû acheter sa victoire bien plus cher ; un tel choix eût donné à nos armées une nouvelle et bien plus grande force, cette force qui vient de la confiance que le soldat a dans ses capitaines, cette foi du champ de bataille qui double la valeur d'une armée. Tous eussent alors marché résolûment et sans crainte pour les derrières.

Oh ! ce fut une malencontreuse pensée que de mettre la suspicion et la défiance sur le front de bataille, à la pointe de nos drapeaux.

Quand elle jouait une aussi grosse partie, la France aurait dû exiger que les cartes fussent tenues par d'autres mains; elle aurait dû demander des garanties et bien s'assurer qu'on ne la trichait pas. Mais la France, direz-vous avec raison, n'avait pas voix délibérative, et cette voix, en tous cas, n'aurait pas été écoutée.

Saint-Simon, en parlant dans ses *Mémoires* des courtisans qui avaient le mieux su capter la confiance de Louis XIV, se sert à plusieurs reprises de cette expression : « Un homme dans le goût du feu roi ». Le trop célèbre Bazaine n'était-il pas tout-à-fait dans le goût et suivant le cœur du second Empire?

Et, dans le même entourage, que de personnages de la même catégorie, que de caractères ayant la même valeur, application du vieux dicton : qui se ressemble s'assemble !

Ratapoil.

Arrêtez! vertueux et candide Rosolin, et place pour une simple observation. Il faut admirer votre aplomb lorsque vous dites : nos généraux, nos soldats, notre armée!

Première question. Est-ce que cette armée dont vous faites votre appropriation personnelle, n'est pas celle qui mit la crosse en l'air au vingt-quatre février et qui donna le signal de la débandade?

Est-ce qu'après cette lamentable débâcle, elle ne s'empressa pas d'aller à la République d'abord, à Napoléon plus tard? Si elle vous devait une si grande reconnaissance, il faut convenir qu'elle fut bien ingrate. Après avoir capitulé devant les premières sommations de la canaille de Paris, elle se donna plus tard à tous les régimes, à tous les drapeaux, et je ne sache pas que l'histoire ait mentionné un seul regret à votre adresse.

ROSOLIN.

Oh! oui, j'en conviens; vingt-quatre février, date néfaste. Je suis franc, après un pareil coup il n'y a plus qu'à se livrer à des réflexions philosophiques et à de noires pensées. Tristes caprices de la roue de la fortune, qui élève successivement tous les partis pour les forcer ensuite à venir s'incliner devant la brutalité des faits accomplis! Fatalité qui s'attache à tous les drapeaux et qui les renverse à tour de rôle, les uns pour une cause, les autres pour la cause contraire!

A un autre point de vue, — le plus vrai, — leçon mémorable pour les gouvernements qui pèchent par excès de modération et de débonnaireté! pour les pouvoirs qui s'endorment dans une trompeuse sécurité et oublient que le premier point dans l'art de gouverner les hommes, c'est de savoir s'en faire craindre!

Triste réflexion! la France n'est-elle pas quelque peu semblable à ces femmes de mœurs légères et de goûts dépravés, qui préfèrent les mauvais sujets qui les maltraitent aux hommes paisibles qui feraient leur bonheur?

N'est-ce pas pour avoir méconnu ces vérités qu'un gouvernement trop paterne laissa une échauffourée ridicule, organisée par un groupe d'intrigants, prendre les proportions d'une grande et profonde révolution?

Il est un fait que l'on doit considérer comme constant : Si le roi Louis-Philippe eût fait prendre au moment opportun dans le camp de ses ennemis cent coquins au plus — cent coquins de choix — et qu'il les eût fait fusiller, il serait mort sur le trône.

Il fut précipité comme son prédécesseur; un nouvel ordre de choses put s'affirmer solennellement et officiellement, et il exista *de plano,* par le seul fait de cette affirmation. Les vainqueurs purent à leur aise célébrer leur triomphe, triomphe complet, mais hélas! bien éphémère.

Toujours la même rotation.

A trois mois de là, jour par jour, le vingt-quatre juin de la même année, ils étaient foudroyés à leur tour pour avoir voulu tenter une nouvelle entreprise.

La même entreprise en réalité; mais cette dernière avait aussi piteusement échoué que la première avait pleinement réussi.

Quelle brusque transition à l'échéance d'un trimestre!

Premier acte. Voilà d'abord l'héroïque population de Paris, le peuple français, peuple de braves, qui est victorieux sur toute la ligne. Il est ivre de joie, tout lui sourit, dans ses illusions il entrevoit un avenir de délices.

Deuxième et dernier acte. Passent trois mois, tout est changé. La lune de miel a disparu à l'horizon. D'affreuses ténèbres lui ont succédé. Hommes et choses sont transformés. Les glorieux vainqueurs sont devenus d'odieux insurgés que l'on traite comme des malfaiteurs.

Les fondateurs de la République, après cent jours de règne, sont traqués sans pitié et pour la plupart tués, fusillés, passés par les armes, ou tout au moins désarmés et déportés.

Les victimes se comptent par milliers, par dizaines de mille. Combien le tyran que l'on venait d'envoyer en exil avait-il fait périr d'hommes pendant vingt ans de règne?

Réponse : néant.

C'est qu'elle était rentrée en ligne notre armée ; elle avait voulu venger son affront et laver la tache qu'une défaillance momentanée avait laissée sur ses drapeaux.

L'affaire avait été rude et quelque temps indécise. On attribue à l'un de nos généraux ce mot : « Sans nos africains nous étions perdus. » Grâce à cet utile concours, la victoire de la civilisation sur la sauvagerie fut assurée, et c'est là un grand et patriotique service que nous pouvons porter à notre actif.

Sombres et funèbres journées qu'on ne peut se rappeler sans une profonde douleur !

La rébellion était stupide et criminelle, la répression dut être rigoureuse. Jamais pareille capilotade de canaille démagogique !

DÉMOS.

Oh ! c'est trop fort. Vous devenez féroce, Rosolin ; vous passez au tigre ; vous changez de caractère. Votre sévérité à l'endroit de malheureux égarés.....

ROSOLIN.

Permettez, je me suis peut-être servi de termes trop violents ; je les retire, si vous y tenez. Je voulais seulement vous rappeler ce fait saillant et qui, du reste, s'est reproduit depuis, c'est que les plus vigoureuses corrections qui ont été administrées au parti républicain l'ont été par des gouvernements républicains.

Quant aux malheureux égarés, nous savons par une longue expérience ce que le mot veut dire. Phrases d'avocats de cour d'assises. Ce sont de malheureux égarés ceux qui attendent la nuit les passants sur les routes pour leur poser le dilemme traditionnel : la bourse ou la vie.

CARLOS.

Encore de malheureux égarés ceux qui fusillaient les otages ou incendiaient Paris sous le règne de la Commune.

Malheureusement il n'y a que deux remèdes pour guérir cette sorte d'égarement : la fusillade ou la déportation.

La force! toujours la force! — Réponse de la violence à la brutalité. Et il en sera toujours ainsi jusqu'au retour de la saine raison et de la vraie lumière, jusqu'au rétablissement des vrais principes.

DÉMOS et RATAPOIL.

Ah! nous y revoilà. Toujours la vieille rengaine : « Prenez mon ours. »

Eternelle, sempiternelle ritournelle.

Mais vous êtes donc tout-à-fait incurable. Vous êtes donc comme ces malheureux dont parle la Bible, qui ont des yeux et sont cependant aveugles, qui n'entendent pas malgré la haute dimension de leurs oreilles.

S'il n'en était pas ainsi, vous reconnaîtriez ce fait qui a l'évidence d'un axiôme de géométrie. C'est une vérité qui saute aux yeux d'abord :

La France ne veut pas du comte de Chambord.

Elle a peut-être tort, mais c'est là son idée. Prévention injuste, direz-vous, c'est possible ; mais le fait n'en existe pas moins. C'est là le vouloir bien arrêté des quatre-vingt-dix-neuf centièmes de la population.

Eh bien ! quand on est l'objet d'antipathies aussi profondes, d'une répulsion aussi générale ; quand on ne représente dans un grand pays que des intérêts qui se chiffrent par une fraction dérisoire, on ne poursuit plus ce pays de ses importunes insistances et de ses fatigantes obsessions. On en prend résolûment son parti ; on se retire honorablement ; on lui dit nettement, carrément : Vous ne voulez pas de moi ? eh bien ! moi je ne veux pas de vous.

Partant, quitte.

Toute autre conduite est dépourvue de bon sens et de dignité. Vous qui vous dites et vous croyez une aristocratie, qui constituez un parti politique important, vous serez devenus, si cela dure, une secte grotesque, une coterie infime, une confrérie dérisoire, une franc-maçonnerie bien moins sérieuse que la véritable franc-maçonnerie. Votre cause est définitivement perdue. Vous êtes tombés, et dans votre chute vous avez entraîné l'infortuné Rosolin qui commit la faute de s'associer à votre fortune, alors qu'il aurait pu, en conservant son libre arbitre et son indépendance, nous opposer une compétition sérieuse.

Votre impopularité a rejailli sur lui, et votre contact avec lui a suffi pour le démonétiser entièrement.

Ce pourquoi, nous vous prions d'agréer nos très humbles et très sincères remercîments.

ROSOLIN.

Allons bon! voilà que nous sommes définitivement morts, nous aussi. C'est donc un enterrement général? Il n'y a plus que vous debout, Messieurs les fossoyeurs.

Une observation toutefois.

Laissez-moi vous dire que nous avons aussi, nous, notre droit, droit auquel personne, absolument personne ne peut porter atteinte; droit qui fait que la succession du père doit aller au fils ;-droit auquel le père lui-même est forcé de se soumettre.

Démos et Ratapoil.

Tout beau, Rosolin, quelle hardiesse ! Voilà qui sent l'hérésie, jeune téméraire. Vous sortez de votre rôle, qui est d'emboîter le pas et de marcher à la suite, sans pouvoir demander où l'on vous mène. Votre doctrine n'est pas orthodoxe; vous pourriez bien dans votre témérité charger votre conscience d'un cas des plus graves et encourir de vertes admonestations venues du plus haut.

Si vos nouveaux amis vous entendaient, vous pourriez bien perdre du coup les bénéfices des humbles avances que vous leur avez prodiguées. Corbleu ! vous devez le savoir, M. le marquis de Carabas n'entend pas raillerie sur ce sujet.

Tête bleue ! les sires de Framboisy, de Sottenville et de Crac ne sont pas hommes non plus à forligner sur le point d'honneur ; votre insubordination pourrait bien avoir de graves conséquences.

Et palsambleu ! les nobles maisons de Prétintaille, d'Escarbagnas qui vous avaient été si généreusement ouvertes, pourraient bien vous être fermées. Mais, au fait, jeune imprudent, avez-vous donné des gages suffisants ? Où sont les preuves de votre récente conversion ? Montrez-les avec les billets de confession à l'appui. Tenez, il est une question qui, pour les personnes bien pensantes, peut remplacer toutes les autres : avez-vous été à Lourdes ? Quand et combien de fois ? C'est là le fait capital et décisif. Hors de Lourdes, point de salut ; qui n'a pas été à Lourdes est un profane et un mécréant.

Répondez. Avez-vous pris part à ces saints pèlerinages ? Vous a-t-on vu, le chapelet à la main, suivre ces bandes de pieux oisons et de bêtes bêlantes ?

CARLOS.

Oh ! c'est trop fort cette fois. Il n'y a rien de respectable pour vous, rien qui soit à l'abri de vos outrages. Insulter ainsi à des manifestations que leur caractère inoffensif devrait sauvegarder, c'est indigne. C'est une profanation.

DÉMOS.

Profanation ? dites-vous. Mais la profanation n'est-elle pas dans cette exibition indécente de miracles apocryphes, dans cette mise en vente d'amulettes et d'orviétans sacrés ?

C'est là certainement un outrage public à la religion. Et ce qui est étrange, c'est que ce soit moi qui sois ici amené à la défendre.

Il est une question qu'on serait tenté de vous faire. Avez-vous lu la sainte Bible, Carlos ? Vous souvenez-vous de la sainte fureur de Moïse, lorsqu'après une absence monmentanée, il vit son peuple, oublieux du vrai Dieu, adorer le veau d'or ?

Vous savez, n'est-ce pas ? la sévère répression qui fut le châtiment de cet abandon momentané du véritable culte, — de cette désertion des vrais priucipes. — Vous connaissez, je n'en doute pas, ses rigoureuses prescriptions à l'endroit de l'idolâtrie, de la superstition, des impostures des faux prophètes. Vous devez vous rappeler encore que Notre-Seigneur Jésus-Christ n'eut dans toute sa vie qu'un seul accès de violence, ce fut le jour où avec des verges il chassa les marchands du Temple.

Ce sont des sentiments semblables que doit éprouver tout homme de bon sens, tout croyant sincère, lorsqu'il voit se produire au grand jour des lumières modernes ces mystifications indécentes, dont quelques niais seulement peuvent être dupes, — jongleries qui, au point de vue de l'habileté technique, sont du reste de beaucoup inférieures aux tours des prestidigitateurs les plus vulgaires.

Et cependant vous vous empressez toujours d'y prendre part ; on vous y remarque toujours sur le premier plan, à des places en évidence. Car toutes les fois qu'une occasion se présente de fournir une nouvelle preuve de votre débilité intellectuelle, vous n'avez garde de la laisser échapper.

L'intervention de la force brutale est toujours un fait regrettable. Sans ce motif ces ridicules manifestations devraient être dispersées à coups de cravache, — et cela à la demande des hommes de convictions religieuses sincères. La cravache! oui, la cravache! et, il faut l'espérer, ce sera la raison publique qui sera cette cravache.

La cravache! avec cette spécification expresse que si, dans ces cortèges qui sont une provocation au bon sens des populations, il se trouve des personnes revêtues d'habits sacerdotaux, elles auront droit à une double ration; d'autres, couvertes de la soutane violette des prélats, à une triple dose. Il est scandaleux de voir les ministres du Dieu de Vérité donner l'exemple de l'adoration des idoles.

Et dans le groupe de ces derniers on serait sûr de trouver beaucoup des vôtres, Carlos. C'est bien vous qui avez proclamé cette maxime, qu'il n'y a de bons prêtres que ceux qui sont avec vous, et que tout disciple du Christ doit être en même temps et avant tout un agent légitimiste, la croix et votre drapeau devant être toujours indissolublement unis, — maximes du reste qui rencontrent de plus en plus de mécréants.

RATAPOIL.

Maximes qui ont été reniées par le clergé national lorsqu'il est venu à nous tout entier, au grand désespoir de quelques énergumènes endiablés et de quelques vieilles douairières.

CARLOS.

A l'exception, ajoutez ceci, des premières sommités, des grands talents et des plus nobles caractères. C'est là une hiérarchie que vous n'êtes pas encore parvenus à détruire.

Vous nous avez fait le reproche d'avoir la prétention de constituer une élite ; sur ce terrain du moins, sur le terrain de la religion et de la foi, j'estime que nous réalisons notre programme.

DÉMOS et RATAPOIL.

Et pourquoi pas sur tous les autres ? Point de fausse modestie, Carlos ; dites naïvement qu'en tout et partout vous êtes supérieurs. Ce serait hardi, cependant !

On dirait, à vous entendre parler, que vous êtes un parti exclusivement composé de grands seigneurs, de Lands lords, de grandes existences, d'éminences de toute sorte. Il faut en rabattre, car on peut reconnaître dans vos rangs bien des personnalités équivoques. Hommes de haute origine et de distinction, c'est possible, mais qui n'ont pas de bottes et voudraient bien se faire chausser par la généralité ; foule de solliciteurs et quémandeurs, cadets de Gascogne, aventuriers, coureurs de places, qui voudraient bien en revenir à leur ancien métier : la mendicité ; à leur antique industrie : l'exploitation du public et le parasitisme.

C'est là la queue du parti, direz-vous. Mais on a vu si souvent cette queue mener la tête, se superposer aux éléments véritablement aristocratiques et les diriger à sa guise.....

CARLOS.

La distinction que vous faites entre notre tête et notre queue serait bien difficile à établir dans votre camp. — Là tout est queue. — Et si l'on y allume la lanterne de Diogène pour y découvrir des figures honnêtes, on est effrayé de l'inutilité de ces investigations.

Arrivée à ce point la controverse entre nos quatre champions prend un caractère de plus en plus aigu. L'irritation a atteint son paroxysme. Les récriminations, les interpellations s'entrecroisent plus vives, plus acerbes. C'est un cliquetis bruyant, une mêlée sans suite dont on ne peut suivre le fil. On ne peut y saisir que quelques fragments de phrase, comme les suivants.

DÉMOS

(A Carlos).

C'est en somme un triste spectacle que vous donnez à la France, et il est pénible de voir un parti qui a un passé comme le vôtre finir d'une aussi piteuse façon. Vous devenez odieux à force de bêtise. On vous voit passer, traînés par votre misérable entêtement comme par un licol, aveuglés par votre infatuation, impropres à toute coopération utile. Cherchant toujours à nuire et à entraver, vous êtes les esclaves d'une force occulte qui vous fait mouvoir à son gré, qui vous ridiculise et vous déconsidère et qui est cependant pour vous l'objet d'un culte, d'une adoration quand même. — Adoration qui n'a de pareille que celle des peuplades de l'Inde pour leur grand Lama ; adoration dont les exagérations étranges sont notoires et renommées. On n'a pas idée d'une semblable débilité intellectuelle !

Si le corps des huissiers de France, si les corporations des commis-voyageurs ou des artistes capillaires se constituaient en partis politiques, ils pourraient vous donner des leçons de bon sens, de clairvoyance et de portée. Vous avez progressivement parcouru tous les degrés de l'affaiblissement mental, allant de l'infirme au maniaque, du maniaque à l'idiot.

CARLOS

(A Démos).

Et vous donc, vous avez suivi toute la gamme qui va des turpitudes aux atrocités, de la démence simple à la folie furieuse. Vous nous entraînez de chute en chute, d'abjections en ignominies, de Charybde en Scylla, de canaille en crapule! vous nous précipiteriez, si l'on n'y mettait le holà, dans les derniers abîmes, dans le cahos, — vous nous feriez regretter et l'Empire et Sedan!

RATAPOIL

(A Démos).

Encore des injures à notre adresse, soit. Hurlez et aboyez à votre aise. Triomphez, mais hâtez-vous! Hâtez-vous, vous dis-je! Car bientôt vont venir les verges impériales, le fouet souverain et vengeur, et il faudra bien alors que la meute des aboyeurs, que bassets et lévriers, roquets et mâtins, dogues et carlins — tous chiens en rupture de laisse — rentrent au chenil et à l'attache.

La cravache! la cravache! comme vous disiez tout à l'heure, Démos.

ROSOLIN

(A Ratapoil).

Il faut convenir que ce serait là un singulier rameau de paix, une branche d'olivier d'une nouvelle forme. Pour les faire accepter, il faudrait recommencer une notable partie de notre histoire et la reprendre da-capo, à partir de la fameuse campagne du Mexique, par exemple.

RATAPOIL.

La campagne du Mexique! Oh! nous devions nous attendre à cette inévitable rengaîne. S'il y a un pénible souvenir à rappeler, on peut être sûr que vous ne pouvez y manquer.

CARLOS et DÉMOS

(Avec violence).

Et la France donc, c'est elle surtout qui dut en garder la mémoire! Nous ne sachions pas que jamais nation ait été soumise à une aussi pénible épreuve, à une aussi cruelle mystification.

Rappelons sommairement les faits.

C'est à l'improviste et à la grande surprise de tous qu'éclata cette pensée d'une grande expédition d'outre-mer. Elle avait pris naissance subitement dans la cervelle du chef de l'Etat, dans une folle hallucination. Elle fut présentée au public comme une merveilleuse conception, comme une découverte miraculeuse. — Ce sera, avait dit Napoléon III d'un ton mystérieux, la plus grande pensée de mon règne, — et les courtisans de l'entourage d'applaudir sans comprendre. Les conseillers sincères et dévoués eurent beau intervenir et intercéder, leurs sages avis furent rejetés. Avec cet entêtement incurable, spécial, qui est le propre des races asines ou mulassières, le maître ordonna tous les préparatifs et donna le signal du départ. — Vous savez le reste.

Il y a de ces tristes détails qu'il est par trop pénible de rappeler. Après d'immenses efforts, après le sacrifice d'une armée, après le gaspillage de nos approvisionnements, après de ruineuses dépenses, il fallut faire solennellement l'aveu de folle extravagance, reconnaître avec authenticité la démence de nos projets de conquêtes et battre piteusement en retraite.

Et ces faits désastreux eurent pour dernier épilogue un épisode honteux, un fait déshonorant. Dans notre folle équipée, nous avions pu trouver un malheureux allié, un crédule, une dupe, un prince noble et sympathique; il s'était associé à notre fortune, nous l'avions enrôlé sous nos drapeaux. Nous l'abandonnâmes lâchement, traîtreusement sur ces rivages maudits. Du haut de nos navires en partance, nous pûmes assister presque à son exécution. Il fut impitoyablement fusillé sous nos yeux, et nous ne pûmes même pas avoir la pensée d'aller à son secours.

En présence d'un pareil dénouement, en présence de l'issue aussi humiliante de la grande conception de votre empereur, on ne peut se défendre d'une bien légitime indignation; on ne peut conserver son sang-froid; on partage inévitablement les sentiments de réprobation générale qu'il provoqua.

Un orateur de l'opposition d'alors, M. Jules Favre, s'en fit l'interprète dans cette apostrophe qu'il adressa aux hommes du pouvoir :

« Dans un pays libre vous seriez mis en accusation. »

Il avait pleinement raison.

De pareils faits sont un scandale révoltant. Mais ce qu'il y a de plus révoltant encore, c'est l'impunité qui leur fut toujours assurée; un sévère et inexorable châtiment devait en être la juste récompense; il fallait, au nom du bon droit et des intérêts nationaux, une punition exemplaire.

RATAPOIL.

Poursuivez et allez jusqu'au bout. Encore quelques pas dans cette voie, et vous reproduirez cette phrase mémorable : « Mais fusillez-moi donc tous ces gens-là. »

CARLOS et DÉMOS.

Fusiller, non. Notre débonnaireté exagérée, répréhensible peut-être, ne nous permet pas d'aller jusque-là. Il faut tempérer et atténuer la rigueur de cette instruction mémorable et modifier le texte original en lui substituant cette variante :

Mais fouettez-moi donc tous ces drôles.

C'était là la consigne qu'il fallait donner aux exécuteurs en leur livrant les coupables les plus compromis. En tête de ce groupe, le haut personnage, auteur principal de tout le mal. C'était sur ces reins augustes qu'il fallait traduire avec une vigueur exceptionnelle le témoignage de la réprobation unanime. C'était là une satisfaction que l'opinion publique était en droit de réclamer et qu'il fallait lui donner. Il fallait montrer au peuple le revers de cette face hébétée et le fustiger sans merci. Les étrivières ! les étrivières ! c'était bien là le minimum des vengeances nationales à exercer. — Ne pouvant aujourd'hui atteindre la personne, qu'il soit au moins permis de flageller sa mémoire.

Les étrivières ! et en présence des méfaits accomplis, c'était encore répression insuffisante et peine trop anodine. En présence d'une armée sottement sacrifiée à des aberrations de visionnaires, en présence des influences pernicieuses propagées, des mauvais germes de défiance, de démoralisation et de dégoût semés dans les rangs ; en présence du gaspillage insensé de nos ressources militaires, de nos approvisionnements, d'une si notable part de la fortune publique ; en présence d'aussi immenses sacrifices dépensés en pure perte ; en présence surtout du ridicule et de la honte qui devaient rejaillir sur la nation entière ; au point de vue du droit strict, il fallait mieux que cela.

Et du reste ce premier désastre n'était que le prélude, que la préface d'autres désastres bien plus considérables.

Elle apparaissait déjà à l'horizon, la grande et suprême catastrophe dans laquelle devaient sombrer la fortune et l'honneur de la France. Etant donné le précédent du Mexique, il était bien aisé de prédire *à priori* les conséquences de notre grande lutte avec l'Allemagne. Une ère nouvelle était ouverte : — l'ère des défaites et des déroutes.

Pour conjurer cet immense péril, pour réserver quelques chances de succès, il eût fallu prendre préalablement une détermination énergique, indispensable. Il fallait avant tout arracher la direction et le commandement à des mains impuissantes et inhabiles et les remettre d'urgence à d'autres. Ne pas prendre dès l'abord ce parti, c'était se soumettre inévitablement à la condition du vaincu.

Et la France le pouvait-elle dans l'état de servitude où elle était tombée? Hélas! son sort en était jeté. Elle n'avait plus qu'à courber la tête et à se résigner.

Il lui fallait subir les fourches caudines où on la menait en dernier lieu après vingt ans d'illusions et de mensonges.

Ici la conversation entre nos quatre champions est interrompue par un incident qui vient l'arrêter.

Les derniers discours de Démos et de Carlos provoquent chez Ratapoil une crise nerveuse qui approche du délire, de l'épilepsie. — Il veut répondre, mais la parole lui fait défaut. — Il ne peut que pousser quelques sons mal articulés, quelques exclamations violentes. Il est hors de lui ; il s'agite convulsivement.

Progressivement du reste nos autres interlocuteurs étaient aussi arrivés au paroxysme de l'irritation. L'harmonie, comme on le voit, n'avait pu se mettre dans le quatuor, loin de là. Les esprits s'échauffant de plus en plus, la discussion dégénérait en violente querelle.

Lorsque tout à coup, fait imprévu, transformation subite comme un changement de décor, intervient à l'improviste un cinquième personnage, qui vient mettre le holà et prononcer le *quos ego* du roi des tempêtes.

Celui-là, plus grand de stature, plus âgé, plus mûr, avait des allures magistrales, dominatrices. Dans sa parole perçait le ton du commandement ; elle faisait évidemment autorité pour tous, sa supériorité était unanimement reconnue.

Conticuere omnes. — *Ex abrupto* il s'exprima en ces termes :

Ah ! ah ! vous voilà encore, mes incorrigibles, mes incurables, avec vos éternelles discussions, tournant toujours dans le même cercle vicieux sans pouvoir en sortir.

Je n'ai pas entendu votre controverse de ce jour ; mais je ne la devine que trop. Je la sais par cœur. Ce sont toujours, n'est-ce pas, les mêmes redites, les mêmes éternels refrains ?

*
* *

Comme point de départ, vous avez dû inévitablement proclamer qu'il faut poursuivre un but commun de conciliation, et aussitôt, ce point bien arrêté, chacun de tirer de son côté et tous de marcher vers les quatre points cardinaux.

Loin de réunir vos forces pour résister aux orages qui menacent à l'horizon, vous prenez à tâche de les disséminer, de les éparpiller de façon à les neutraliser et à les paralyser tout à fait. Et cependant vous ne sauriez nier le péril ; il est sérieux, il est grave, il est imminent. Non pas qu'il fût ainsi dès l'abord, mais vos sottes divisions l'ont grossi progressivement et ont fini par lui donner des proportions formidables.

Vous avez appris à l'ennemi le secret de votre faiblesse et de votre impuissance. Il vous menace, il vous guette, il attend le moment propice pour fondre sur vous.

Et sa tactique se comprend. C'est à travers vos sottes divisions qu'il veut passer pour donner l'assaut à cette société que vous devriez tous défendre de concert et que vous abandonnez au jour du péril ; il prend ses mesures pour exécuter la charge à fond, qu'il médite et prépare depuis longtemps, qu'il a déjà tentée à plusieurs reprises et réussie à moitié.

Cette fois ses chances sont bien plus grandes et les désastres seraient incalculables. C'est bien toujours la même armée qui est en présence; mais elle est démesurément grossie par la conscience de sa force, par l'espérance du succès, par cette confiance qui vient surtout de la constatation de l'anarchie qui règne dans vos rangs.

Oui, c'est bien toujours la même bande d'assaillants.

*
* *

En tête, le Catilina antique. S'il n'y est en personne, c'est toujours du moins son esprit immortel qui dirige et donne l'impulsion. Ce sont ses instincts vicieux, dépravés et criminels qui sont le levain du soulèvement.

Suit la horde des affamés, des déclassés du siècle, des aventuriers cherchant, sinon quelqu'un, du moins quelque chose à dévorer.

La bande des Rabagas modernes : avocats sans cause, médecins sans malades, gens d'affaires sans affaires, négociants sans négoce; tous personnages ayant tous les goûts pour jouir et ne sachant faire aucun honnête métier pour vivre; — propres à rien se croyant aptes à tout.

C'est là l'état-major, et ces gredins d'élite conduisent à l'assaut la multitude débauchée, avinée et alcoolisée qui est son cortège obligé ; — le peuple de l'*Assommoir*, — peuple abruti par la boisson, par les excès de toute sorte et encore et surtout par les impostures qu'on lui a données en pâture.

Et ces impostures ont décuplé le nombre et les forces du parti qui, sans elles, serait dans le pays une infime et méprisable minorité.

Ce sont ces impostures qui ont été le grand recruteur, qui ont enrôlé une notable partie des masses. On a abreuvé celles-ci de fables et de mensonges, on a abusé avec impudence de leur niaise crédulité ; on leur a promis et garanti une existence fantastique, une vie de cocagne qui consisterait à ne rien faire d'abord et à consommer outre mesure ensuite.

Et, ajoutent les prédicateurs de ces étranges doctrines, si ce prodigieux programme n'est pas encore réalisé, la faute en est aux accapareurs, aux traîtres, aux aristocrates, aux riches, aux bourgeois, aux éternels ennemis du peuple enfin.

Donc, conclusion : Il y a urgence, il faut proscrire tout ce monde-là et mettre à la place les bons patriotes, ces excellents citoyens épris d'un violent amour pour leurs frères, — les véritables amis du peuple en définitive.

C'est bien, vous le savez, avec des fables de cette force-là que l'on conduit aujourd'hui les foules démagogiques. Seulement ces foules entreront en fureur le jour où elles verront qu'on les a indignement bernées et mystifiées, et, l'eau-de-vie aidant, elles se porteront aux derniers excès. Dans leur hébétude féroce, elles s'en prendront, non pas, comme cela devrait être, aux auteurs de la mystification, mais au contraire à ceux qui ont tout fait pour prévenir le mal, à des personnes inoffensives, aux citoyens les plus recommandables, aux choses qui par-dessus toutes méritent le respect.

Après avoir tué sans motif, ces hordes en délire détruiront sans raison ; elles incendieront brutalement, stupidement des cités ou du moins des quartiers entiers ; des monuments publics, des palais, des édifices qui sont le patrimoine de tous. Et, leur règne passé, il n'en restera d'autres traces que des ruines et des hontes.

Tous les jours vous entendez de bonnes gens vous dire avec une quiétude plus ou moins sincère que c'est là un torrent auquel il faut momentanément livrer passage ; que la démagogie ne peut rien édifier de solide et de durable ; qu'elle sera inévitablement éconduite et expulsée après une durée éphémère.

D'accord.

Mais pendant ce règne d'un jour, elle peut tout saccager, et il faudrait après à la France un siècle de labeurs, de privations et de sacrifices pour réparer ces désastres, pour effacer les traces de cette invasion sauvage.

C'est pour empêcher ce malheur, c'est pour détourner le courant fatal, c'est pour faire avorter cette crise formidable que tous les efforts doivent s'employer et converger, tous les instincts honnêtes s'associer et se réunir en faisceau ; toutes les préférences de parti doivent se taire, toutes les nuances d'opinions s'effacer et faire trève, jusqu'au jour où ce premier but — but de salut public — sera atteint.

*
* *

Opinions, convictions ! Mots sonores que l'on entend résonner avec emphase dans tous les discours, mais qui, soumis à un examen sérieux, n'ont plus qu'une signification dérisoire.

En allant au fond des choses, que doit-on, en effet, entendre par là ?

De pitoyables petits entêtements, des ténacités égoïstes, aveugles et étroites, des inflammations mesquines d'amour-propre, des accès de convoitises, de vilains appétits, de misérables rancunes.

Tous les partis en sont là aujourd'hui. A leur

tête, des intrigants qui simulent des convictions sincères ; à leur suite, la longue file des badauds qui sont leurs dupes.

Pour bien expliquer ma pensée, je prends des espèces. Vous êtes là près de moi, Carlos, — laissez-moi vous donner les honneurs de la préséance. — Protestez si bon vous semble, hérissez, comme vous le faites d'habitude, votre petite crête ; mais laissez-moi vous dire cette incontestable et rigoureuse vérité :

A tout propos, vous parlez de croyances profondes, de noble dévouement, de foi politique. Si l'on soumettait tout cela à un examen minutieux et comme à une analyse chimique, on trouverait peut-être en définitive dans le creuset de l'expérience un résultat comme le suivant :

1° Amour-propre, vanité..........	50 p.0/0
2° Faiblesse d'esprit, ignorance des faits, étourderie, irréflexion.........	20 p.0/0
3° Eléments de bon aloi et purs de tout mauvais alliage...............	30 p.0/0
Total égal..........	100

Pareillement, Démos, — soufflez dans vos moustaches tant qu'il vous plaira ; — mais laissez-moi articuler ce fait dont vous ne sauriez disconvenir. Si l'on mettait tout votre parti dans un grand alambic, dans une gigantesque cornue, les convoitises coupables, les basses jalousies, etc., etc., figureraient pour plus de moitié dans le produit final de la distillation.

*
* *

Et ici, Messieurs, je dois prévoir une question que vous ne pouvez manquer de me faire ; vous me demanderez quelles sont mes convictions. Je vous répondrai carrément et bien haut :

Je n'en ai pas.

Quelques explications cependant.

Je n'ai pas de convictions politiques en ce sens que je n'ai jamais donné à aucun parti le droit de me considérer comme sa chose, comme sa propriété quand même.

J'ai toujours réservé mon libre arbitre et la faculté d'applaudir ce qui me paraît bien et de blâmer ce qui me semble mal. Je n'ai jamais voulu entrer dans ces grandes compagnies politiques qui se disputent le gouvernement, et on pourrait ajouter l'exploitation de la France. Je n'ai pas voulu prendre un intérêt dans ces sortes d'affaires ou d'entreprises.

Si nous restons à ce point de vue, je le répète, je n'ai pas d'opinions. J'ajouterai même que je ne puis avoir qu'une estime limitée et bien médiocre pour ceux qui n'ont pas su conserver comme moi leur liberté d'appréciation, leur parfaite indépendance et leur dignité.

Bien plus, je ne puis me défendre d'une répulsion instinctive et même de mépris pour ces coteries étroites et exclusives qui professent des maximes comme celle-ci :

Hors de notre église point de salut ;

Nul n'aura de l'esprit hors nous et nos amis ;

Ne touchez pas à nos oints ;

Vérité chez nous, mensonge chez le voisin, etc., etc.

Je comparerai volontiers ces petites églises à ces groupes que l'on voit au milieu du public des théâtres, qui applaudissent quand même et à tout rompre, car ils sont payés pour cela, — c'est leur métier ; ce sont les chevaliers du lustre, les claqueurs, puisqu'il faut les appeler par leur nom. Ils provoquent le dégoût, et ce dégoût je le partage plus que personne.

*
* *

Si, au contraire, nous nous élevons vers des sphères plus hautes ; si vous élargissez la portée de ces mots : opinions, convictions ; si vous les attachez à un sage programme qui voudrait dire :

Respect à la religion ;

Admission absolue de tous les principes qui sont la base indispensable de toutes les sociétés passées, présentes et futures;

Proscriptions des théories absurdes et des doctrines irréalisables;

Admission empressée de toutes les idées justes et de toutes les personnalités honorables, de quelque côté qu'elles viennent;

Reconnaissance de tous les services rendus;

Hommage à tous les gouvernements qui ont bien mérité du pays.

Alors, c'est bien différent. Alors j'ai, au contraire, des opinions bien arrêtées, des convictions profondes et tenaces. Je deviens croyant sincère, sectaire et même intransigeant; car j'appartiens d'avance et sans restriction à tout gouvernement qui poursuivrait une œuvre de salut public et d'honneur national. Je serai son dévoué et fidèle serviteur, du jour où je serai convaincu de la droiture de ses vues et de la sagesse de sa politique.

Et pour vous bien expliquer mon programme d'éclectisme, laissez-moi remonter un instant dans le passé et jusqu'au commencement de notre siècle, ce qui nous amène au Consulat et aux premières années de l'Empire.

*
* *

Cette période fut comme un âge d'or succédant à un siècle de fer. Le souvenir en restera éternellement gravé dans la mémoire des populations. L'enthousiasme, le contentement étaient universels.

J'avoue qu'à cette époque j'aurais été franchement et résolûment impérialiste, et les rares opposants qui ne partageaient pas ces sentiments n'étaient pas des Français, mais des traîtres qui méritaient d'être chassés de France.

Hélas ! cette ère fortunée n'eut qu'une courte durée ; elle trouva un terme dans l'exagération extravagante de la force et de la gloire.

Survinrent de grands désastres. Ceux qui ne souffrirent pas dans ces cruelles épreuves des navrantes douleurs de la patrie, ne pouvaient être que de mauvais et détestables citoyens.

*
* *

La rotation de la fortune avait amené sur le trône le roi Louis XVIII, monarque sage, prudent, habile, comprenant bien son siècle. L'histoire ne lui a pas suffisamment rendu justice.

Au bout de quelques années de règne, il a su tout concilier. Les profondes blessures du pays sont pansées et guéries ; la confiance est revenue ; le crédit public est rétabli ; la prospérité générale et surtout la prospérité agricole, la première de toutes, prend un grand essor.

Cette sage politique ramène l'opinion. J'avoue que, pour ma part, elle m'eût rendu sincèrement légimiste.

Et j'estime qu'il n'y a que de méchants et petits esprits qui puissent contester l'importance des services rendus par ce vénérable prince.

Honneur à lui !

Malheureusement c'était un vieillard à la fin de sa carrière. Il meurt. Et son successeur, dans sa folle étourderie, vient détruire son œuvre de concorde et de réédification.

Que celui-là soit honni !

*
* *

La France est de nouveau rejetée dans les crises révolutionnaires ; elles amènent l'avènement du roi Louis-Philippe.

Encore un monarque intelligent, modéré, irréprochable. Il donne à la France dix-huit années de paix et de prospérité. Le développement de la fortune publique prend d'immenses proportions. Le double fléau de la guerre civile et des guerres extérieures paraît définitivement écarté. Un large avenir, un avenir indéfini de calme et de bonheur semble assuré. L'ère des crises violentes semble close à tout jamais.

Et en présence de ces admirables résultats,

me voilà, je l'affirme hautement, résolûment orléaniste.

*
* *

Les mauvais jours sont passés.

Illusion ! Au moment même où la lutte semble finie et le trône définitivement consolidé, il est renversé, et, comme son prédécesseur, le souverain est forcé de prendre la route de l'exil.

Pourquoi ce revirement étrange et ce nouveau caprice de l'opinion ? Il faudrait des recherches historiques minutieuses pour répondre catégoriquement à cette question.

La France s'ennuie, dit un jour un des plus célèbres énergumènes de l'époque. Mais était-ce là l'unique motif de sa nouvelle équipée ? Et doit-on l'attribuer exclusivement à l'envie que pouvait avoir le peuple français de se donner de nouveaux divertissements et distractions, des émotions de théâtre, des *circenses*, suivant l'expression latine ?

Non. Ou du moins une autre cause venait s'ajouter à ce premier motif. Le gouvernement de Juillet tombait et s'écroulait victime de sa tache originelle, de son origine révolutionnaire. Une émeute était venue à lui, quelques années auparavant, l'élever sur le pavois et lui poser la couronne sur la tête ; une autre émeute, ou plutôt la même émeute sous une autre forme, revenait pour le renverser et mettre cette couronne en pièces. Dans un nouveau caprice, la houle démagogique venait, prise de la même fureur, briser ce trône qui était son œuvre, parfaitement convaincue qu'elle agissait dans les limites de son droit.

Toujours est-il que ce règne qui finissait d'une aussi lamentable façon, fut un règne prospère, mémorable par le bien qu'il fit et surtout par le mal qu'il sut empêcher, — un grand règne enfin.

Plus que tout autre cependant, il fut l'objet d'agressions violentes, d'insultes et de calomnies incessantes.

C'est de cette époque que date le dévergondage sans frein, cette licence de paroles, cette polémique sans mesure ni pudeur qui a cours encore de nos jours.

Aujourd'hui, le temps écoulé, l'éloignement dans le lointain permettent de voir ces évènements avec netteté, avec impartialité. Ils sont dégagés de toutes les misères de l'actualité. On peut les juger sûrement.

On a pu apprécier à leur véritable valeur toutes ces clameurs d'énergumènes et d'aboyeurs.

*
* *

A ce règne succéda le régime populaire.

24 février 1848.

Ce fut d'abord comme une orgie carnavalesque, une grande descente de la Courtille aux allures débraillées et dégingandées ; une explosion d'excentricités et d'extravagances, de sottes illusions et de théories absurdes. On eût dit un peuple de fous, ou plutôt d'ivrognes en délire.

Le drame se cachait sous le masque de la farce ; mais il devait apparaître dans quelques jours sous ses véritables traits. Ces scènes de dévergondage se transformèrent bientôt en catastrophes sanglantes, en effroyables tueries.

*
* *

24 juin 1848.

La voix de la France avait parlé et c'était la voix de la raison et du bon sens ; mais la bohème parisienne, ne reconnaissant d'autre loi que son bon plaisir, décida dans son outrecuidance autoritaire qu'il ne serait tenu aucun compte de la volonté du peuple français.

Elle s'insurgea tout entière et marcha pour jeter à la Seine les représentants de la nation, — les élus de ce suffrage universel dont elle venait quelques jours avant de proclamer la souveraineté absolue.

Il fallut bien répondre à cette sauvage provocation et accepter la bataille qu'elle offrait.

Grande et terrible bataille !

Dans ce moment suprême, la société menacée, la patrie en danger, durent prendre d'urgence les plus énergiques résolutions. Un honorable général, d'une valeur éprouvée, d'un caractère sûr, dont le nom était une garantie pour tous les partis honnêtes, — le général Cavaignac, — se trouvait là. Il fut unanimement acclamé. On lui confia sans réserve et la direction du combat et les rênes du gouvernement.

Il fut vainqueur. Jamais les circonstances ne donnèrent à un homme l'occasion de rendre un aussi grand service à son pays.

Honneur à lui ! Honneur à son noble patriotisme et à son généreux désintéressement !

Son abnégation, la dignité de son attitude, lorsqu'il descendit les degrés du pouvoir souverain, sont au-dessus de tout éloge. C'est là, sans contredit, une illustration qui a sa place marquée au Panthéon de nos gloires. Il y a là, en effet, non seulement une dette de reconnaissance à acquitter, mais, bien plus, une tache d'ingratitude à effacer.

Quelques jours après sa victoire, la plus importante peut-être du siècle, le général en chef de l'armée de l'ordre et de la civilisation était relevé de ses fonctions comme un vulgaire fonctionnaire et rentrait pour toujours dans la vie privée.

Je dois avouer que son irréprochable conduite avait quelque peu ébranlé ce que je puis avoir au cœur de foi monarchique et que, quelque temps encore, il eût fait de moi un républicain ; — tendances à la conversion dont j'ai encore senti les atteintes plus tard, sous les administrations de M. Thiers et de l'honorable maréchal de Mac-Mahon.

Le général Cavaignac fut, dis-je, purement et simplement remercié de ses services comme un employé qui n'est pas à la hauteur de sa tâche, et sur notre scène politique il y eut encore un de ces brusques et subits changements de décor qui, sur les théâtres, font succéder tout à coup le grand jour à l'obscurité, un palais brillant à un site champêtre.

*
* *

La France avait mis à la voile pour d'autres destinées. — Il avait suffi d'un nom magique pour l'enivrer et l'entraîner :

Napoléon ! Napoléon !

Aussitôt que ce cri avait retenti, le vertige s'était emparé de toutes les têtes. La froide raison et toutes les considérations calculées avaient été écartées et rejetées au loin. Sans se préoccuper de la personne, le peuple acclama aveuglément le nom.

C'était pour la seconde fois que ce grand nom se levait à l'horizon de la France comme une radieuse aurore ; l'entraînement, la fascination furent universels et la pauvre république née d'hier fut mortellement frappée.

Si elle eût eu quelque bon sens et quelque dignité, elle eût accepté la décision du peuple qu'elle avait elle-même pris pour juge ; elle se fût soumise à cet arrêt suprême et se fût mise à l'écart pour attendre des moments meilleurs. C'était là le seul parti honorable à prendre. Elle n'en eut pas le courage. Au lieu de s'en aller doucement et sans bruit par la porte, elle préféra se faire jeter par la fenêtre, — ce qui fut fait brutalement et avec éclat, et aux acclamations de la multitude.

L'Empire fut réédifié, et une nouvelle ère s'ouvrit, glorieuse et fortunée d'abord, calamiteuse en définitive. Ce fut une seconde édition de la première épopée, avec la gloire en moins et de honteuses catastrophes en plus.

Et c'est là le sort que la Providence semble avoir réservé à cette dynastie : être élevée d'abord à des hauteurs immenses, pour être ensuite précipitée aussi bas que possible.

Et cela par son fait et par sa faute. Victime d'un

aveuglement funeste, d'une véritable démence, elle s'est toujours frappée de sa propre main. On dirait la manie du suicide qui est héréditaire dans quelques familles prédestinées et maudites.

L'effondrement fut immense, complet, et l'opinion publique suivit les évènements. Elle fut radicalement transformée.

Nous avions tous subi, il faut l'avouer, l'irrésistible influence. Nous étions tous devenus impérialistes, sinon dès le début, du moins après la guerre de Crimée, après les victoires de Magenta et de Solférino.

Plus tard, notre nouvelle foi fut quelque peu ébranlée par les fautes commises ; par les témérités hasardeuses ; par la folle et ruineuse équipée du Mexique ; par les agissements ténébreux d'une politique qui devait consommer la ruine de la France.

Et n'était-ce pas le moyen le plus sûr d'arriver à cette fin que l'organisation à nos portes d'un empire puissant, formidable ?

Cette organisation fut notre œuvre, notre fait. Jamais le proverbe trivial : « Chercher un bâton pour se faire battre » n'eut une application plus tristement vraie.

Avec le concours de l'Angleterre, nous avions en premier lieu humilié et affaibli la Russie ;

nous avions aliéné là une grande et puissante alliance.

Avec le concours de l'Italie, nous avions plus tard amoindri et ruiné en partie l'Autriche ; nous lui avions tenu et lié les mains pour que la Prusse pût l'éreinter à son aise.

Et nous nous trouvions en dernier lieu en présence de ce dernier adversaire dont nous avions fait la force, qui nous devait implicitement l'immense développement de sa puissance.

La lutte avec ce nouveau colosse, avec ce géant que nous avions imprudemment grandi, était inévitable. Et la France, la France qu'on appelait encore la veille la grande nation, s'y engagea étourdiment avec une folle témérité. Elle devait en sortir moulue, mutilée, humiliée ; — réduite à l'état de puissance de second ordre.

D'aussi rudes épreuves modifièrent encore une fois et radicalement nos croyances politiques. Notre foi napoléonienne, bonapartiste, impérialiste fut mise à néant du coup. L'effondrement fut complet et définitif. L'aigle avait été encore atteint dans son vol et, cette fois, mortellement.

*
* *

Et ce ne fut plus cette fois la monarchie légitime qui vint à la hâte s'emparer de la place vacante. Ce fut la République qui fit irruption et accourut avec un empressement enthousiaste pour profiter de nos désastres. Sous prétexte de les réparer, elle vint les aggraver encore. — Malheureuse terre de France! Jamais aux plus mauvais jours de son histoire, sa situation ne fut aussi navrante, jamais pareil cahos, jamais pareil anéantissement de toutes les forces natiotionales, jamais semblable effondrement de toutes les espérances! La nuit, les plus noires ténèbres, et aucune étoile de salut à l'horizon!

L'Empire écrasé sous le poids de ses fautes et de ses malheurs, l'ineptie et l'outrecuidance républicaines venaient encore ajouter à la profondeur de la catastrophe!

*
* *

Tout était perdu, fors la République qui était enfin fondée. Fondée sur les malheurs de la patrie, cela est vrai, mais enfin elle était fondée, et ce fait était une compensation suffisante à tout le reste, n'est-ce pas, Démos? Et vous pûtes classer ce grand évènement parmi les bonnes fortunes du pays.

Elle était fondée et elle s'est maintenue debout depuis. Elle était fondée et, il faut l'avouer en toute humilité, elle a été consolidée depuis par les sottises des partis monarchiques. Ce sont ces partis, avec leurs divisions et leurs visées égoïstes, avec leurs aberrations pitoyables, leur défaut de patriotisme et de bon sens, qui l'ont créée, qui la soutiennent et la font vivre.

*
* *

Oui, ce sont là, Démos, les véritables fondateurs de votre démocratie. Mais, permettez-moi de vous donner un conseil sincère et désintéressé. Ce sont les royalistes qui ont fait la République, prenez bien garde que les républicains ne fassent à leur tour la monarchie. Du train dont vont vos amis, ils pourraient bien, avant qu'il soit peu, avoir discrédité et déconsidéré le régime nouveau au point de l'avoir rendu insupportable et odieux.

On dirait le plus souvent, à les voir à l'œuvre, qu'ils sont des aristocrates déguisés qui complotent traîtreusement la ruine du régime dont ils se prétendent les défenseurs.

Tous les jours nous voyons surgir de nouveaux faits qui donnent de la vraisemblance à cette supposition.

Voulez-vous me permettre d'en citer quelques-uns, par exemple le suivant qui est hors de conteste :

On sait quelles affinités secrètes recrutent votre parti, quelles sympathies instinctives vous associent vos coreligiónnaires. Il est manifestement vrai que vous traînez avec vous toute la canaille de France, pardonnez-moi le mot, je n'en trouve pas de plus explicite pour bien traduire ma pensée. — Oui, vous traînez après vous tous les rebuts sociaux et la partie la moins estimable de la population.

Si vous entendez crier bruyamment dans la rue : Vive la République ! et que vous alliez à la fenêtre, vous êtes sûrs de voir défiler en masse tous les polissons de la cité. Pas un ne manque au cortège, au concert de vociférations.

Si l'on entre dans vos réunions, si l'on se risque dans un de vos clubs, il est facile de reconnaître au premier aspect de l'assistance que les gens d'inconduite et de dissipation, les ivrognes, les insolvables, les hommes perdus de dettes sinon de crimes, y sont en notable majorité.

Si l'on plaçait à la porte une brigade de contrôleurs, composée de créanciers impayés, de fournisseurs dupés, avec faculté d'éconduire tous ceux dont ils furent victimes, la salle resterait à moitié vide.

*
* *

Voulez-vous encore venir à un autre poste d'observation d'où l'on peut bien apprécier la moralité des agissements démagogiques ? Venez suivre avec nous les péripéties d'une élection qui agite toute une contrée, un canton, une commune, peu importe.

L'intrigue s'ourdit d'abord dans des conciliabules secrets où quelques affidés d'élite ont seuls droit d'entrée. Puis, les choix bien arrêtés, toutes dispositions prises par les personnages des coulisses, on laisse pénétrer le public, — le public niais et crédule, qui croit qu'il a une délibération à prendre, alors qu'il n'a plus qu'une décision convenue entre compères à enregistrer.

On procède à un examen dérisoire des candidats. Les plus dignes, les plus capables sont d'abord évincés ; suivant la consigne donnée, leurs noms sont accueillis par de bruyantes marques d'improbation. Personne dans l'assistance n'ose protester ; leur condamnation est proclamée. Puis vient ensuite le ballottage entre la sottise simple et l'ignorance crasse ; entre l'incapacité relativement modeste et l'outrecuidance inepte ; entre les réputations compromises et les antécédents déplorables. Etant donné le courant d'idées qui passe, les prétendants les plus détestables doivent sûrement l'emporter. C'est là un fait bien regrettable qui se produit tous les jours et sur un grand nombre de points ; il tend à se généraliser.

Encore des progrès dans cette voie, et la domination de la plupart des localités appartiendra à des coteries ignorantes et ineptes ; à des groupes entourés du mépris général, malgré le verdict du suffrage universel. La représentation des cités, ce sera, règle générale, l'écume de ces cités.

*
* *

Ce sont là des exagérations, dites-vous, Démos.

Permettez-moi de citer quelques faits à l'appui. En voici un notamment qui me paraît avoir une bien triste et grave signification :

On voit figurer dans vos rangs, au milieu de vos états-majors, en tête de vos plus hautes sommités et jusque dans l'enceinte du Parlement, des personnages mal famés auxquels des affaires véreuses ont donné une retentissante notoriété.

Ils furent pris la main dans le sac, convaincus de faits bien voisins de la compétence correctionnelle. Il y avait flagrant délit, culpabilité évidente et avérée, et la politique, complètement étrangère à l'évènement, ne pouvait leur fournir d'excuse.

Eh bien ! ces hommes, malgré leurs honteux antécédents, n'en restent pas moins paisiblement assis au milieu de vous comme au sein de leur famille. Dans un autre milieu la réprobation générale les eût mis en fuite. Vous, vous tolérez fraternellement leur présence et leur intimité. Jamais vous n'aurez le courage de couper cette vilaine queue que vous traînez après vous. Une pareille faiblesse est bien regrettable.

*
* *

Vous nous avez promis une république aimable. Aimable, soit. Mais c'est là l'accessoire. C'est estimable et digne de respect qu'il nous la faudrait avant tout, — il ne faut pas reculer devant la crudité des expressions, et du reste vous ne sauriez nous reprocher l'emploi du vocabulaire démagogique.

*
* *

On vous a méchamment accusés de donner refuge dans votre camp à tous les mauvais éléments sociaux. On a dit de vous, avec une insolence exagérée peut-être, que vous n'étiez en définitive qu'un parti de galopins sans consistance ou de forcenés dangereux. Vous devriez au plus tôt, par des preuves décisives, par des faits concluants, donner un démenti formel à d'aussi injurieuses imputations. Vous devriez prendre une résolution énergique et aller vous régénérer en masse au baptême de la réhabilitation et de la bonne renommée.

Je vous le répète, il faut faire vos preuves au plus vite et faire voir au public, qui vous regarde avec d'anxieuses appréhensions, que vous avez une valeur politiqne et des aptitudes gouvernementales, — cela a été bien contesté dans le passé.

Un homme d'Etat d'un grand renom, un publiciste éminent, M. Guizot, a dit de vous :

« La République n'a jamais été un gouvernement sérieux. »

C'est à de tels reproches qu'il faut répondre par des faits significatifs et péremptoires. Tous les pouvoirs qui vous ont précédés, depuis le commencement du siècle, je viens de le rappeler, ont donné la mesure de leur capacité et démontré qu'ils étaient à la hauteur de leur mission. On peut certainement les critiquer à certains points de vue, mais on doit leur rendre hommage pour l'ensemble de leur gestion. Ils ont tous fourni leur contingent d'honorables services ; et s'il y avait aujourd'hui un choix à faire entre eux, ce choix serait bien difficile ; si un concours était ouvert devant un jury compétent et impartial, — hypothèse de pure fantaisie, — la distribution des récompenses, depuis les grands prix d'honneur jusqu'aux simples mentions honorables, nécessiterait un long et minutieux examen.

Il est fort à craindre qu'après ces délicates épreuves, vous en seriez réduits à quelque distinction de dernier ordre, à un vulgaire accessit.

*
* *

Donc, je reviens encore à la charge, qu'une noble émulation vous anime, *macte animo*. Chantez en chœur le psaume *Laboremus*, et vite à la besogne. Sachez, par d'honorables efforts, mériter l'estime et la confiance qui vous firent défaut jusqu'à ce jour. *Sursum corda*, relevez-vous et réhabilitez-vous dans l'opinion, je le répète encore au risque de rabâcher, — votre triomphe est à ce prix.

*
* *

Le moment est du reste on ne peut plus propice pour cela. Tous les anciens partis sont actuellement bien démonétisés. La France n'a plus aujourd'hui ni préjugés, ni préventions, ni préférences bien marquées. Elle est singulièrement fatiguée de toutes ces vieilles querelles. Elle désire en finir avec cette guerre de cent ans que se livrent les factions sans relâche ni merci. Elle est lasse d'aventures et d'aventuriers. Il lui tarde de clore ce siècle de fer qui, au fait, a suffisamment et trop duré.

La manie des croisades régna cent ans et plus. La fureur des guerres de religion se prolongea pendant une période à peu près égale. L'épidémie révolutionnaire aura sévi le même laps de temps et ne saurait exercer ses ravages indéfiniment. Toutes ces grandes crises finirent par s'affaisser et s'éteindre sous le poids de la lassitude et du dégoût général.

Nous approchons, il faut l'espérer, d'un dénouement semblable.

Allez au sein de tous les partis; visitez tous les camps. Où sont les violentes ardeurs du début? Où sont les ténacités opiniâtres, les croyances aveugles et profondes, les espérances fermes, la foi dans le droit et le succès?

Toutes les passions sont amorties et paralysées, tout tombe de fatigue et d'épuisement, et bientôt il ne restera plus sur le champ de bataille que le drapeau de l'anarchie et du pillage. Il ne restera plus debout dans l'arène que l'éternel Catilina, l'homme de proie et de rapine; celui-là, aussi vivace, aussi ardent, aussi audacieux que jamais. Il est toujours en éveil, lui. Il rôde sans cesse autour de la société comme autour d'une victime qu'il guette et pense ne pouvoir lui échapper.

C'est bien toujours le même bandit, le même scélérat; ce sont bien toujours les mêmes instincts vicieux, les mèmes convoitises criminelles. Il n'y a de changé que les formes. Celles-ci, par exemple, radicalement.

Aujourd'hui, sous le règne du christianisme, après les progrès de la civilisation et des mœurs, ce satanique personnage a dû modifier sa tactique et son langage. Il a toujours le même fiel au cœur, mais il a le miel sur les lèvres. Il a pris un masque, il déguise sa voix, il s'est fait ermite, saint homme en apparence, il prend des airs d'innocente candeur et les allures d'un apôtre inspiré.

Ecoutez-le parler. Il vous dira avec assurance, avec une apparente bonne foi, que c'est l'amour de l'humanité qui l'anime; qu'il a découvert des recettes infaillibles pour réaliser le bonheur du peuple; que la mise en pratique de ses plans et projets — accessoirement l'élévation de sa personne — conduirait les masses dans une nouvelle Terre-Promise de félicités. Il ajoute avec une pieuse componction que c'est un devoir sacré, une sainte mission qu'il accomplit en parlant ainsi. Et cette fable, toujours rééditée dans les mêmes termes, fait toujours des dupes. On l'écoute avec crédulité; beaucoup veulent le suivre. C'est là un spectacle révoltant et odieux.

Pour ma part, je préfère de beaucoup le Catilina antique, qui avait franchement et hardiment déclaré la guerre à la République et à la société romaine, le Catilina contemporain et rival de César, de Caton et de Cicéron, aux Catilinas de notre siècle.

Le premier, du moins, ne trompait personne ; il se présentait sous ses véritables traits ; il avouait avec audace, avec cynisme, mais avec loyauté, ses projets de déprédation et de rapine. Il ne reconnaissait, il n'invoquait qu'une seule puissance, la force des armes. Il marchait bravement au champ de bataille. Il n'appelait pas à son aide l'hypocrisie et l'imposture. Il valait certainement mieux que ses successeurs.

Ces derniers réalisent un type bien plus odieux.

*
* *

Les sentiments que j'exprime à leur égard sont sans nul doute les vôtres, Messieurs ; vous l'avez comme moi en horreur. Cependant, il faut le reconnaître avec tristesse, on vous a vus en maintes circonstances pactiser avec lui. Vous avez souvent réclamé son concours à l'appui de vos intrigues. Vous lui avez incessamment prêté l'utile appoint de vos déplorables divisions. Au lieu de vous réunir pour le combattre avec énergie, vous lui avez par le fait donné la main pour l'aider à monter à l'assaut de la société, pour le seconder dans ses projets d'escalade et d'effraction générale. C'est bien là votre pitoyable rôle à vous tous, agitateurs incorrigibles !

Légitimistes à entêtement incurable,

Républicains à outrance,

Bonapartistes intransigeants,

Orléanistes quand même,

Agents de discorde, agitateurs politiques de toutes provenances.

C'est vous qui avez porté l'anarchie dans les rangs conservateurs. Ce sont vos fautes qui ont organisé en leur présence la grande armée des ribauds, des malandrins et des truands. Vous avez créé cette armée et vous en faites encore toute la force.

Si cette armée réussit dans ses efforts, si elle parvient enfin à mettre la France à sac et pillage, ce sera là implicitement votre œuvre, et la plus grande part de responsabilité vous appartiendra.

Ah ! si vous aviez au cœur ces haines vigoureuses que doit donner le vice aux âmes vertueuses, vous n'agiriez pas ainsi.

Ah ! si au lieu de guerroyer entre vous, d'intriguer et de tripoter dans l'intérêt exclusif de vos égoïsmes discordants, vous aviez marché avec ensemble, la partie de l'ordre serait gagnée depuis longtemps. Mais non. C'est là trop vous demander !

Vous serez toujours les adversaires irréconciliables du repos de la France, et votre inimitié pour l'ennemi commun est moins forte que les haines et les querelles que l'on voit éclater entre vous. Ces pitoyables fureurs rappellent ce que les naturalistes racontent de certains oiseaux qui se battent entre eux à la saison des amours avec une rage si acharnée, si aveugle que l'oiseleur, qui les guette, peut les approcher sans être aperçu, les prendre à la main sans difficulté et leur tordre aisément le cou.

Oisillons, ou plutôt oisons imprudents, prenez garde à l'oiseleur. Vous faites tout pour provoquer ses convoitises, — l'on dirait que vous avez hâte d'être plumés..

En toute occasion vous vous empressez de lui montrer le secret de vos faiblesses, les points sur lesquels il peut facilement vous attaquer et vous vaincre, et votre conduite est une invite permanente à l'agression. Citons un des exemples les plus saillants, les plus mémorables.

C'était à l'un des derniers jours de la dernière Assemblée constituante. Une nouvelle organisation politique, longuement élaborée, allait être essayée et mise en jeu. Des combinaisons avaient été convenues entre les diverses fractions du parti conservateur pour transmettre partiellement à la nouvelle législature les traditions qui avaient eu cours pendant quelques années, pour donner aux nouveaux venus l'appoint d'un élément représentant ces traditions, pour faire entrer au Sénat qui allait ouvrir ses portes un contingent d'hommes d'ordre éprouvés. C'était là une pensée des plus sages et des plus rationnelles. Une intrigue ourdie dans les factions extrêmes la fit échouer. Une coalition scandaleuse entre les intransigeants des nuances les plus opposées — entre Rabagas, Ratapoil et le marquis de Carabas — fit écarter les candidats de conciliation et livra la place aux hommes ayant pour but de perpétuer la discorde.

Ce fut un grand jour de triomphe pour ces derniers, et les trois héros de ce jour, Rabagas, Ratapoil et Carabas furent avec raison danser une ronde échevelée sur les ruines de l'accord projeté.

Ce sont là des faits bien regrettables.

Le pays, j'entends le pays raisonnable et sensé, qui n'a d'autre ambition que de vivre d'une vie honnête et régulière, les a jugés avec une bien légitime sévérité. Ils ont jeté sur les partis monarchiques le discrédit et la déconsidération. Il est difficile de tomber plus bas dans l'opinion.

Tous les courages sont aujourd'hui paralysés, et les espérances les plus raisonnables anéanties. La France a beau regarder de tous les côtés de l'horizon, elle ne voit aucune issue ouverte, aucune solution acceptable. — Gredins d'un côté, crétins de l'autre, voilà la déplorable alternative dans laquelle elle se trouve enfermée.

Oh ! ce serait bien le cas de prendre une résolution énergique, décisive.

C'est à vous que je parle, Démos.

L'occasion est on ne peut plus propice. La place est libre et vous avez les coudées franches.

Vous occupez actuellement le champ de bataille. Vous êtes maîtres du terrain. Vous y resteriez indéfiniment si vos fautes ne vous en chassaient pas. Vous n'avez à redouter aucune rivalité sérieuse. Vous n'avez à craindre que vous-mêmes. Et si vous tombez, ce sera certes bien par votre fait.

Je vous le répète, je vous le ressasse, je vous le rabâche encore une fois, il n'y a que le discrédit et la déconsidération qui puissent entraîner votre chute.

Sachez éviter cet écueil. Sachez inspirer l'estime et la confiance. Faites preuve de sagesse et de bon sens. Tout est là. Votre avenir en dépend.

Effacez au plus vite les souvenirs d'un triste passé. Réhabilitez-vous dans l'opinion. Rectifiez vos idées fausses. Expurgez vos programmes de toutes les rêveries impraticables et de toutes les aberrations dangereuses. Donnez des garanties sérieuses à tous les intérêts respectables. Epurez votre personnel.

Que vos choix soient désormais un titre de recommandation pour le public, au lieu d'être un motif de défiance. Que votre administration prouve au pays que vous êtes ainsi devenus un parti honorable et sérieux. Que votre politique sache éviter tous les écueils et surtout les complications extérieures.

Dans la situation que les derniers évènements ont faite à la France, c'est là la condition première, la condition *sine quâ non*, et l'avenir seul peut modifier cette situation.

Réalisez tout cela, dis-je, et vous serez sans conteste maîtres et souverains, et vous pourrez vous écrier avec l'assentiment général :

La victoire est à nous !

Sinon, l'édifice de votre puissance s'écroulera piteusement. Vous serez abandonnés et honnis, relégués dans le néant par la réprobation universelle.

Et la France, après cette dernière crise, ira droit et d'urgence à la solution la plus proche et la plus aisée.

Mais, du reste, il est déjà bien tard. Le temps passe vite avec vous, Messieurs. Voudriez-vous remettre la continuation de cet entretien à une autre séance?

D'accord, n'est-ce pas? Eh bien! la suite au prochain numéro.

Aurillac, imp. H. Gentet.

www.ingramcontent.com/pod-product-compliance
Ingram Content Group UK Ltd.
Pitfield, Milton Keynes, MK11 3LW, UK
UKHW022046190726
13855UKWH00002B/418